Bewegt, entspannt, selbstbewusst – von Fuß bis Kopf

Dein Körper ist ein biologisches System. Biologische Materie baut sich mit dem richtigen Gebrauch auf. Wenn du an einem Ort etwas positiv veränderst, verändert sich das ganze System positiv. Es freut uns, wenn die folgenden Bilder dich zu einer Verhaltensänderung inspirieren können. Denn deine geistige und körperliche Haltung, Beweglichkeit und Entspannungsfähigkeit sind ein Resultat deines Verhaltens.

Möge dieses Bilderbuch zu einem bewegt-entspannten »Selbst-bewusst-Sein« in und unter der eigenen Haut beitragen – von Fuß bis Kopf!

Ludmilla Weber und Leo Kühne

Inhaltsübersicht

Das Bilderbuch mit grosser Wirkung

Warum ein Bilder-Buch?

Die Gedanken wachsen aus den Gefühlen heraus und können im Gehirn fast beliebig gesammelt, geordnet, deponiert und abgerufen werden. Gedanken sind Bilder, die anatomische Prozesse bis in die Körpersäfte hinein zu beeinflussen vermögen. Das Handeln des Menschen besteht nur zu einem kleinen Teil aus Reflexen. Der Rest ist erlernt, also über das Bewusstsein antrainiert und dann als Muster abgespeichert. Die Qualität deines Denkens, Fühlens und Handelns ist dementsprechend von der Fähigkeit abhängig, deine Muster zu hinterfragen und auf Veränderungen reagieren zu können. Du nimmst dich und deine Umgebung über deine Sinnesorgane wahr. Diese Erlebnisse werden als Bilder im Gehirn, aber auch in den übrigen Körperzellen deponiert. Sobald du mit ähnlichen Bildern konfrontiert wirst, reagiert dein ganzer Körper darauf. Je mehr Sinne durch entsprechende Bilder angesprochen werden, umso ausgewogener und vernetzter ist die Aktivierung der Hirnregionen. Dieses Bilderbuch spricht deshalb bewusst alle Sinne an. Du wirst visuell, auditiv, gustatorisch, olfaktorisch, taktil, kinästhetisch und vestibulär zu mehr Selbstbewusst-Sein verführt. Führe dir stündlich, täglich, im Wochen- oder Monatsrhythmus die Bilder vor Augen, ganz nach Lust und Laune. Am besten stellst du das Buch auf dein Arbeitspult. Oder platziere es an einem oft begangenen Ort, wo es dich anlacht. Betrachte ein Bild jeweils so lange, bis dessen Botschaft in deinem Alltagsverhalten integriert ist.

Bild für Bild.

Ludmilla Weber und Leo Kühne

Als die Füße laufen lernten

Die Reihenfolge der Körperstationen entspricht für einmal nicht der Redewendung »von Kopf bis Fuß«, sondern umgekehrt »von Fuß bis Kopf«. Das hat seinen Grund. Unsere Gesellschaft besteht immer mehr aus Kopfarbeitern, aus Menschen, die kopflastig sind oder den Kopf etwas zu hoch tragen. Deshalb brauchst du vor allem eine gesunde Basis, auf der du aufbauen kannst, einen Boden, den du unter den Füßen spüren kannst. Nicht nur Bäume, auch wir Menschen brauchen »Wurzeln«, um im Sturm zu bestehen – oder um leichter wachsen und uns entfalten zu können. Du musst kein Experte, sondern vielmehr Forschender sein, um deine Füße selber oder mit Vertrauten zu pflegen, zu berühren und vollumfänglich zu nutzen.

Füße erden

Die Standfläche deiner Füße ist weniger eine Fläche als vielmehr etwas Dreidimensionales, eine komplexe Verbindung von stabilen und elastischen Teilchen. Je besser du dein Gewicht über die Füße dem Boden übergibst, umso mehr fühlst du dich nach oben entlastet, schwebend.

Fühlen sich deine Zehen an wie Wurzeln? Gibst du ihnen entsprechend Raum?

Füße fühlen und führen

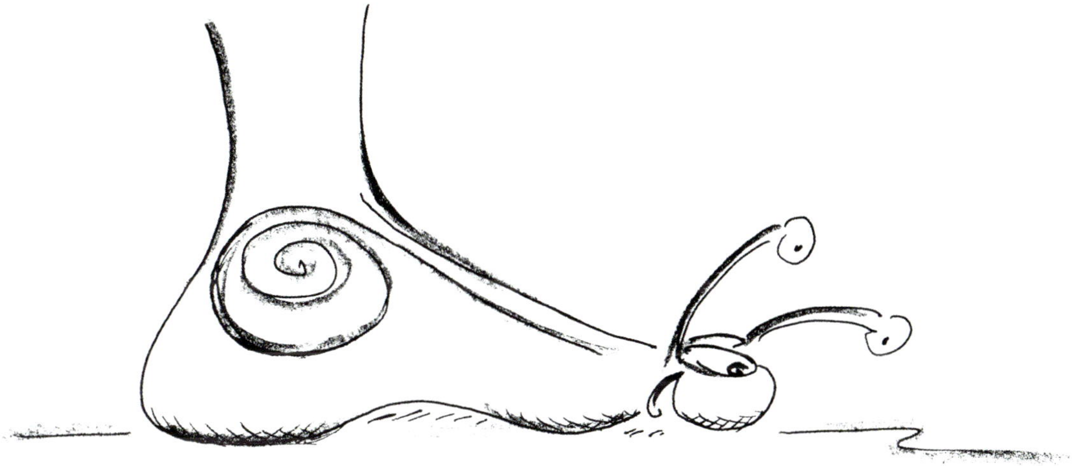

Deine Füße schaffen den ersten Kontakt zum Boden und leiten Informationen über seine Beschaffenheit an deinen Körper weiter. Wandle mit geschlossenen Augen und barfuß in deinem Büro, im Schlafzimmer, auf einer Wiese umher. Spürst du den Boden unter deinen Füßen besser? Was fühlen deine Füße?

Füße federn

Die Längs- und Quergewölbe in deinen Füßen sorgen für deren subtiles Federn und Wiegen, für Elastizität, Energie und Kraftentfaltung. Stell dir vor, dass deine Füße elastisch und kräftig sind wie Spiralfedern. Sie fangen dich auf, sie geben dir Schub. Deine Füße brauchen Bewegungsfreiheit für ihre vielen Gelenke und noch zahlreicheren Muskeln, nicht zuletzt, um ihr Längs- und Quergewölbe sowie die Katapultwirkung von Sehnen und Bändern elastisch zu erhalten. Wähle entsprechendes Schuhwerk.

Füße rollen und twisten

Rolle deine Füße von hinten-außen (Fersenbein) nach innen-vorne (große Zehe) ab. Diese verschraubte Bewegung baut das Längs- und Quergewölbe der Füße auf und erhält es elastisch.

Die Füße entscheiden mit, wie gut sich dein Körper in gegengleich schwingendem Gang (kontralateral) bewegt und so bei jedem Schritt »geschmiert« wird.

Betrachte die Sohlen deiner am meisten getragenen, flachen Schuhe: Idealerweise sind sie am äußeren Fersenrand und bei der Großzehe am meisten abgenützt. Dein rechter und linker Schuh sollten gleich intensiv abgelaufen sein.

Füße balancieren

Wenn deine Füße auf unebenem Boden oder wackligem Untergrund balancieren dürfen, harmonisiert sich die Grundspannung deiner Muskulatur im ganzen Körper. Balanciere zunächst auf einfache Art und Weise, zum Beispiel auf Steinen, Baumstämmen oder Bällen.

Füße variieren

Etwas Stabiles braucht mindestens drei Auflagepunkte. Mit deinen zwei Füßen bist du also äußerst labil. Das Spiel um dein Gleichgewicht macht dich lebendig, dynamisch, bereit für Aktionen und Reaktionen. Statt dich im Stehen zu fixieren, darfst du deine Standfläche so oft wie möglich variieren. Beim Stehen mit einem erhöhten Fuß ist die Belastung auf deine Lendenwirbelsäule sogar kleiner. Benutze einen Fußschemel oder eine Fußstange, wenn du lange und monoton stehen musst. Lehne an, stütze dich ab. Stell dir vor, dass dein verlängerter Steiß dein dritter Fuß wäre. Variantenreiches Stehen steht dir gut!

Füße kommunizieren

Verschiedenste Kulturen haben in der Erfahrungsheilkunde Fußzonen gefunden, denen Körperregionen, Organe oder Emotionen zugeordnet werden. Die Wirkung wird weniger auf nervalreflektorischem Weg erzielt als vielmehr über Energiebahnen und -felder. Die einfachste Selbstbehandlung von Fußreflexzonen ist das Barfußlaufen auf abwechslungsreichen Böden.

Wie viel Energie die Füße ausstrahlen, spürst du, wenn du die Füße oder das Energiefeld der Fußsohle einer liegenden Person berührst. Berühre, massiere, drücke sanft deine eigenen Füße allgemein oder zonenspezifisch so oft du kannst.

Füße flirten mit Händen, Kopf und Steiß

Deine Füße sind zwei von sechs gleichwertigen und gleichberechtigten Körperendungen. Sie wollen mit Kopf, Steiß und Händen zusammenspielen, um Strömungen im ganzen Körper gleichmäßig zu verteilen. Teste die Kraft und Beweglichkeit dieser sechs »Strahlen«: Hebe, zum Beispiel auf einem Kissen liegend, aus der Bauch-, Rücken- oder Seitenlage Arme, Beine, Steiß und Kopf in die Luft. Nun bewege diese sechs »Tentakel« wie eine Qualle. Fühlen sich alle ausgeglichen?

Füße handeln

Um in den Füßen präsent zu sein, kannst du dir vorstellen, dass du im Sand, im Wasser oder auf Wolken gehst. Balanciere auf einem Bein – links und rechts: Schreib mit dem Spielbein deinen Namen in die Luft oder versuch dich als Fußmaler.

Füße sind virtuos

Deine Füße sind fast gleich gebaut wie deine Hände. Gebrauch sie entsprechend ebenso virtuos. Voraussetzung dazu ist entsprechendes Schuhwerk! Spiele gelegentlich Klavier mit deinen Zehen, zum Beispiel unbemerkt unter dem Tisch, beim Zugfahren, während eines Vortrags oder Konzerts.

Eigene Bilder, Merksprüche und Notizen

Stehst du auf eigenen Beinen?

Du bist weitgehend selbst dafür verantwortlich, wie es deinen Beinen geht. Wenn du dir selber Beine machst, wirst du auch tritt- und standfest. Dein ganzes »Ge-bein« ist davon abhängig, wie deine Beine dich tragen. Beine sind alles andere als Stelzen. Sie ermöglichen dir Übersicht, Aktion und Reaktion, einen hoch effizienten Gang. Dank deinen Beinen kommst du weit, bist schnell und kommst hoch hinaus – wenn du willst. Und wie dein Rücken, können auch deine Beine entzücken!

Die Beine pumpen

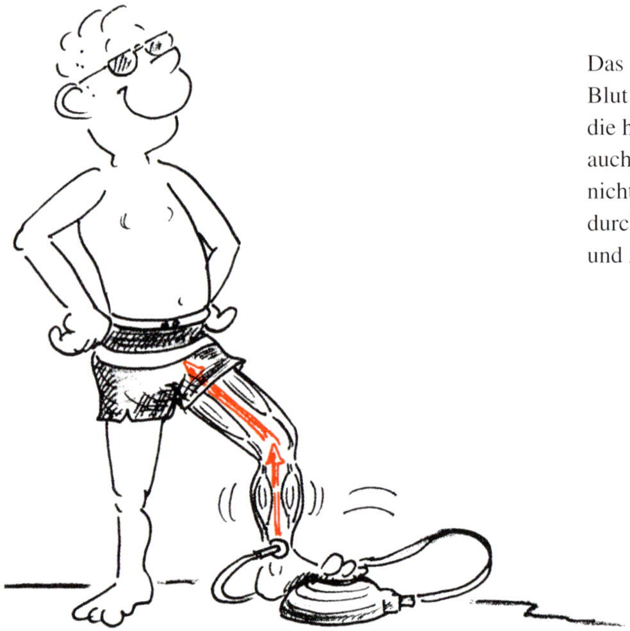

Das Herz reicht als Rücklaufpumpe für das venöse Blut nicht aus. Es ist die Aktivität der Füße und Beine, die hauptsächlich für das »Rückmelken« des Blutes und auch der Lymphe sorgt. Beweg deine Beine und Füße nicht wie Stelzen, sondern wie biegsame Tentakel, wodurch die Körperflüssigkeiten besser zur Körpermitte und zum Herzen hin gepumpt werden.

Federleichtes gegen schwere Beine

Jeder Schritt, jede kleine Beinbewegung hilft, das Blut und andere Körperflüssigkeiten herzwärts zu pumpen. Federe auf allen möglichen elastischen Unterlagen wie Rebounder (kleines Trampolin) und Bällen, aber auch einfach auf deinen Füßen und Beinen. Dabei werden deine innersten Muskeln und Zellen gelockert und zugleich gekräftigt. Lockere Kniekehlen ermöglichen deinen Beinen zusätzlich, wie Spiralfedern oder Stoßdämpfer zu funktionieren.

Sichere Beine für unsichere Zeiten

Balancieren gleicht die Spannung aller Muskelschichten aus. Koordination und Kraft werden optimiert. Geh so oft wie möglich barfuß auf unebenen Böden. Du trainierst so dein Gleichgewicht, damit niemand und nichts dich mehr so leicht aus der Balance bringen kann.

Beine hoch!

Das Rückströmen der Beinflüssigkeiten und -sedimente ist kein Luxus, sondern ein physikalisches Muss. Visualisiere zum Regenerieren in deinen Arbeitspausen das venöse Blut und die Lymphe – am besten mit hochgelagerten Beinen, um deren Strömung zum Herzen hin zu unterstützen.

Perspektive wechseln

Stell gelegentlich alles, auch dich selbst, auf den Kopf. So kommt alles, auch die Sedimente aus Füßen und Beinen, wieder ins Fließen.

Wegweisende »Zeige-Zehe«

Vermeide Scherkräfte in deinen Beingelenken: Beuge das Knie immer so, dass die Kniescheibe in Richtung der Zehen zeigt – ganz genau in Richtung der zweiten Zehe. Sie liegt mit dem zugehörigen Keilbein auf der Gewichtsachse des Beins. Das Keilbein des »zweiten Zehenstrahls« bildet den Schlussstein des Quer- und des Längsgewölbes deines Fußes.

Vergleiche: Der zweite Finger ist dein »Zeigefinger« und zeigt dir, wo du hinschaust. Die zweite Zehe ist deine »Zeige-Zehe« und zeigt, wohin du dein Gewicht verlagerst, wohin du gehst.

Um dir deine zwei »Zeige-Zehen« bewusst zu machen, kannst du deren Nägel für eine Weile farbig anmalen.

Kniescheiben als Scheinwerfer

Die zweiten Zehen weisen dir den Weg und die Kniescheiben »beleuchten« diesen Weg – wie Scheinwerfer.

O und X müssen nicht sein

Um X- oder O-Beine zu vermeiden, wollen deine Unterschenkel leicht nach innen verdreht sein, deine Oberschenkel leicht nach außen – diese Torsion und Gegentorsion gibt ihnen Elastizität, Kraft und Stabilität zugleich.

Kniebeugen – eine verdrehte Sache!

Wie die Füße lieben auch die Beine eine spiralige Dynamik: Torsion und Gegentorsion der Beinmuskulatur sorgen für stabile Knie und dynamisch elastische Beinarbeit. Je mehr du die Knie beugen willst, umso wichtiger wird dieser Aspekt. Deine Knie sind also nicht einfach nur Scharniere. Spürst du die leichte Verdrehung darin?

Strömende Beine

Die phasischen Muskeln (oberflächlich, über mehrere Gelenke hinweg) strömen tendenziell von der Mitte zur Körperperipherie. Die tonischen Muskeln (tiefe Schichten, eingelenkig) strömen tendenziell von der Körperperipherie zur Mitte. Um einen optimalen Strömungskreis herzustellen, bewege deine Beine bis in die Zehenspitzen hinaus.

Es läuft wie geschmiert!

Jedes deiner Beingelenke ist mit Synovial-Flüssigkeit geschmiert. Jeder deiner Beinmuskeln ist von einer bindegewebigen Hülle umgeben. Zwischen den Muskelhüllen befindet sich Gleitflüssigkeit. Selbst die Nervenbahnen, welche zur Steuerung deiner Beine beitragen, sind in Fettpolster eingebettet und somit gleitfähig. Genug Gründe, um deine Beine geschmeidig zu bewegen? Geschmeidige Beinbewegungen massieren dein Becken und deine Wirbelsäule und somit indirekt alle deine Organe, bis hinauf zum Gehirn.

Beinknochen – erstaunlich flexibel

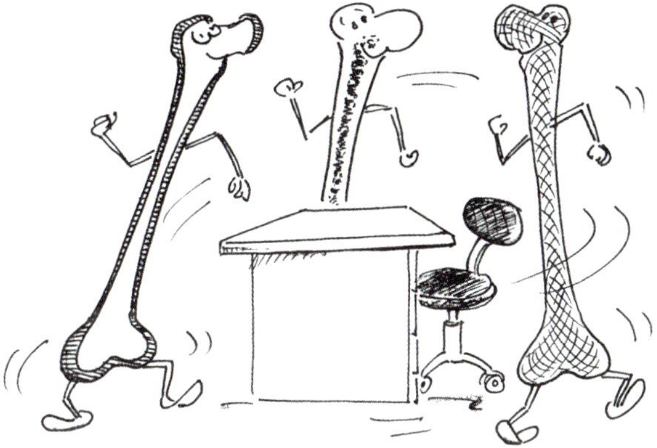

Deine Beine tragen dich Tausende von Schritten weit und balancieren stundenlang dein Gewicht. All ihre Strukturen, selbst das Knochengewebe, reagieren äusserst anpassungsfähig auf Druck-, Zug- und Torsionskräfte. Knochen bestehen aus Knochenhaut, Knochenrinde, den Knochenbälkchen und dem Knochenmark. Relativ kompakte Formationen der Knochenzellen (Kompakta) bilden die Knochenrinde, die der Gewichtsübertragung dient (Hebelfunktion der Knochen). Das Knocheninnere erinnert mit seinem Gefüge von Knochenbälkchen an einen Schwamm (Spongiosa). Die Anordnung der Knochenbälkchen wird je nach Belastungsrichtung immer von neuem angepasst. Die Hohlräume sind mit Knochenmark ausgefüllt, in dem sich gut geschützt die Stammzellen befinden. Auch Blut- und Immunzellen werden hier produziert. Die Kombination von Rinde, Schwamm und Mark macht die Knochen sehr anpassungsfähig: Bei minimalem Gewicht bieten sie maximale Stützkraft und sind gleichzeitig fähig, flexibel auf wechselnde Kräfte zu reagieren.

Schreite um deinen Arbeitsplatz: In der ersten Runde bestehst du nur aus «Kompakta», einem starren Skelett. Dann beweg dich als reine «Spongiosa», ein Gefüge, das auf kleinste Druck-, Zug- und Drehkräfte reagiert. In der dritten Runde bestehst du nur aus Mark, einer nährenden Masse, aus der jede Sekunde Millionen neuer Zellen hervorgehen und in den Blutstrom hinausfliessen. Abschliessend vereine alle drei Komponenten. Spürst du einen Unterschied in den vier Runden? Tut dir eine der Eigenschaften im Moment besonders gut?

Hüftbeuger – Bremsen oder Motoren?

Zwischen deiner Wirbelsäule und den Innenseiten deiner Oberschenkel befinden sich zwei lange Muskeln, die Hüftbeuger. Beim Sitzen befinden sich die Hüftbeuger permanent in der Verkürzung. Sie verspannen sich und verkleben dabei mit benachbarten Muskeln und Organen. Lustvolles Dehnen und Bewegen dieser »Filetmuskeln« ist angesagt. Abwechslungsreich und beidseitig.

Eigene Bilder, Merksprüche und Notizen

Eigene Bilder, Merksprüche und Notizen

Becken – Energie aus der Mitte

Dein Becken ist optisch, physikalisch, emotional, immunologisch und energetisch deine Mitte. Genieße und nutze also seine zentrale Funktion. Lerne, dein Becken in alltäglichen Bewegungen differenzierter zu spüren und einzusetzen.

Physikalische Mitte

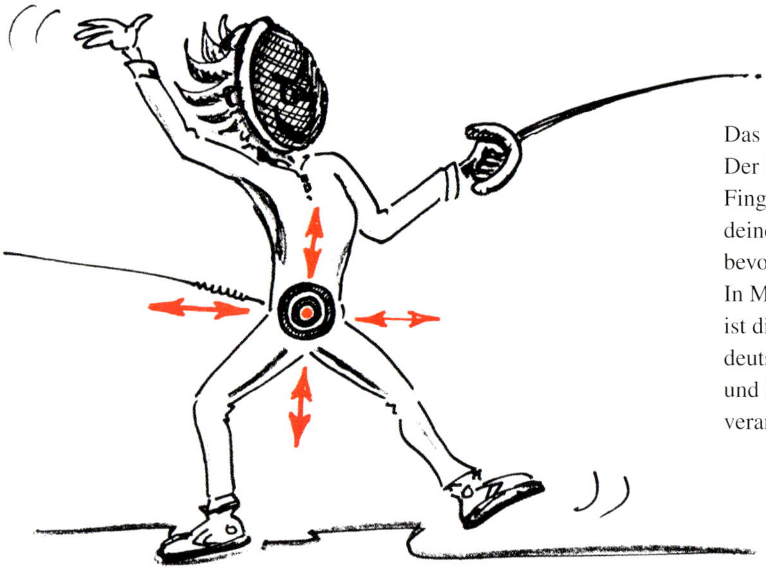

Das Becken ist rein physikalisch deine Mitte: Der Körperschwerpunkt befindet sich etwa zwei Finger breit unterhalb deines Bauchnabels vor deiner Wirbelsäule. Begib dich gedanklich dorthin, bevor dich etwas aus dem Gleichgewicht bringt. In Meditationen, Bewegungs- und Kampfkünsten ist diese Mitte – auch »Hara« genannt – sehr bedeutsam. Stell dir vor, dass jede kleinste Bewegung und Regung im »Hara« ihren Ursprung hat, dort verankert ist oder dort abgefangen wird.

Kraftvolle Mitte

Der muskuläre Verkehrsknotenpunkt des Beckenbodens ist der Damm. Wenn du Bewegungen von hier auslöst, kann sich enorme Kraft in alle Extremitäten ausbreiten. Die Muskeln des Beckenbodens sind ein unentbehrliches Verbindungsglied zwischen der hinteren und vorderen Rumpfmuskulatur. Außerdem wird die Rumpfmuskulatur über den Beckenboden mit der Beinmuskulatur koordiniert. Hier laufen die muskulären Fäden zusammen, und von hier aus wird das Muskelorchester dirigiert. Berücksichtige diese Tatsache bei jeder Bewegung, insbesondere beim Heben und Tragen, im Fitnesstraining und Sport sowie bei anstrengender Arbeit.

Lustvolle Mitte

Das Becken wird von deinen Geschlechtsorganen mitbewohnt. Fühlst du dich in diesen Organen zu Hause? Kannst du sie als Energiespeicher empfinden und nutzen? Spürst du die Potenz, welche die Geschlechtsorgane ausstrahlen? Das Becken ist die Mitte deiner Lebenslust. Klopfe und massiere oft deinen Bauch, beweg dich lustvoll, tänzerisch, spielerisch durch deinen Alltag.

Emotionale Mitte

Das Becken beheimatet dein »Bauchhirn«, ein großes Nervengeflecht im Darm. Dieses so genannte enterische Gehirn genießt zusehends mehr Anerkennung. Es ist dank seinem dichten Nervengeflecht und den Botenstoffen, die es produziert, deine emotionale Mitte, aus der heraus du schnelle und in Zusammenarbeit mit dem Kopfhirn sehr gute Entscheidungen treffen kannst. Bewahre beim Sitzen, Gehen und Stehen eine aufrechte Haltung, damit das fühlende »Bauchhirn« nicht gequetscht wird und die Verbindungen zum denkenden Kopfhirn weder gestaut noch geknickt werden.

Strömende Mitte

Der Bauchnabel ist die Mitte deiner Körperströmungen. Über die Nabelschnur warst du mit dem mütterlichen Organismus verbunden. Hier strömte alles ein und aus, was dich entwickeln, reifen und wachsen ließ: Flüssigkeit, Nähr-, Informations-, Immun- und Abfallstoffe. Ist dein Bauchnabel nicht heute noch sehr sensibel oder sogar erogen? Stell dir vor, dass du von nährendem und schützendem Fruchtwasser umgeben bist. Winde und wende dich um deinen Bauchnabel möglichst reibungsfrei und schwerelos durch dein Alltagsleben. Denk an die gewundene Nabelschnur; diese wurde aufgrund der Bewegungsfreiheit im Fruchtwasser so vielfach gedreht. Berühre oder umkreise deinen Bauchnabel, um dich beispielsweise vor einem Auftritt zu sammeln.

Nährende Mitte

Das Becken ist deine nährende Mitte. Iss entsprechend sorgfältig, um deinen Bauch in verdaubaren Portionen mit Energierohstoffen zu versorgen, statt ihn zu überladen, zu verstopfen und ihm dadurch Energie zu rauben. Das Becken umfängt in etwa neun Meter Darm, den größten Teil des Verdauungssystems. Hier werden die meisten Nährstoffe aus der Nahrung herausgelöst, von hier aus fließen sie in den ganzen Körper. Stell dir vor, wie deine entlegensten Körperzellen sich ihre Vitalität aus deinem Bauch »heraussaugen«.

Reinigende Mitte

Die Bauchregion ist auch für deine Körperabwehr, also für das Lymphsystem, von zentraler Bedeutung: Hier befindet sich die größte Ansammlung von Lymphflüssigkeit, Lymphgefäßen und Lymphknoten. Hier wird sehr intensiv filtriert, Unbrauchbares vernichtet und Körperfremdes unschädlich gemacht.

Sitzend, stehend, gehend oder liegend: Drainiere die Lymphflüssigkeit aus deinen Füßen, Beinen, dem Steiß sowie aus deinen Händen, Armen und dem Kopf, indem du diese locker, vielseitig und vollumfänglich, aber sanft bewegst. So kann eine »melkende« Wirkung deiner Muskulatur auf deine Lymphgefäße in Kraft treten.

Elastisch organische Mitte

Der Beckenboden ist für Frauen und Männer gleichermaßen von Bedeutung. Er ist kein flacher, harter Boden, sondern ein anpassungsfähiges, dreidimensionales Muskelgeflecht.
Zur Bewältigung seiner Aufgaben muss dieses möglichst elastisch bleiben: Das Becken-Muskelgeflecht trägt deine Organe und zusätzliche Lasten, kontrolliert Blase und Enddarm und unterstützt deine Atmung. Stell dir die Elastizität deines Beckenbodens vor wie ein Trampolin, auf dem deine Organe frei federn können. Stell dir dabei vor, dass zwischen den bindegewebigen Organhüllen viel Schmierflüssigkeit vorhanden ist, wodurch die Organe nicht verkleben, sondern gleiten und rutschen.

Becken-Zwerchfell-Lift

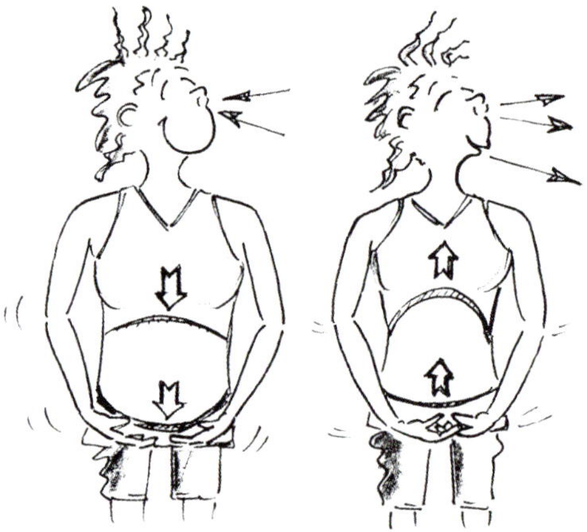

Der Beckenboden ist kein harter Boden, sondern wie das Zwerchfell sehr elastisch – also eher ein »Beckenfell«. Zwerchfell und Beckenfell arbeiten bei der Atmung beinahe synchron. Sie senken sich beim Einatmen und heben sich beim Ausatmen. Das Beckenfell macht beim Einatmen den Organen Platz; es weitet und wölbt sich noch etwas weiter fußwärts; seine Muskelfäserchen (Fibrillen) gleiten auseinander. Beim Ausatmen gleiten die Muskelfibrillen ineinander; die Wölbung des Beckenfells wird flacher und sein Durchmesser kleiner.

Halte die Hände auf Höhe des Schambeins. Flechte deine Finger locker zu einem »Körbchen«. Beim Einatmen gleiten die Finger auseinander und symbolisieren das Weiten des Beckenbodens. Beim Ausatmen gleiten die Finger ineinander, das »Körbchen« wird kleiner. Leg dich zwischendurch immer wieder hin. Oder geh in die Kerzenposition. So werden die Beckenbodenmuskeln und die Organe wirkungsvoll entlastet. In dieser Stellung kannst du spüren, wie dein Beckenfell und das Zwerchfell synchron schwingen und atmen. Beobachte auch immer wieder, ob deine Bauchmuskulatur den Beckenboden unterstützt und mitatmet: Auseinandergleiten beim Einatmen, Ineinandergleiten beim Ausatmen. Bauchatmung ist das beste Bauchmuskeltraining. Gelingt es dir, atmend den Beckenboden differenziert wahrzunehmen, so können die Organe ihre optimale Lage besser einnehmen und entspannt ihrer Funktion nachgehen.

Zweifach gefederte Mitte

Beine, Becken und Wirbelsäule sind nicht wie bei einer Vogelscheuche axial angeordnet. Die Beine sind elastisch über Hüftgelenke, Bänder und Muskeln mit dem vorderen Bereich des Beckens verbunden. Die Wirbelsäule ist ebenso elastisch über die Kreuzbein-Darmbein-Gelenke (Iliosakralgelenke, auch als ISG bekannt), viele Bänder und Muskeln mit dem hinteren Becken in Kontakt. Du hast in der Verbindung von den Beinen zum Becken vorne und vom Becken zur Wirbelsäule hinten eine zweifache Sprungbrett- oder Wippenwirkung. Hebe ab, und lande sanft – bei jedem Schritt.

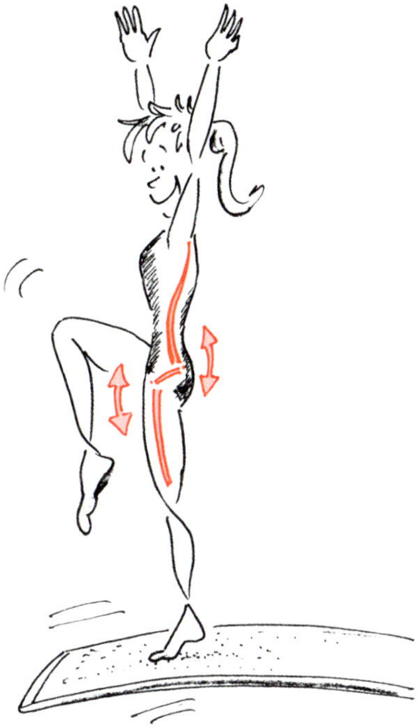

Beschwingte Mitte

Wenn du dein Becken auf beziehungsweise zwischen den Oberschenkelköpfen balancierst statt fixierst, werden deine Hüftgelenke und auch deine Kreuzbein-Darmbein-Gelenke geschmiert und genährt. Alle Wirbel und Bandscheiben bis hinauf zum Kopf und hinunter zum Steiß werden vom Beckenimpuls her mobilisiert.

Die Mimik des Beckenbodens

Aktiviere deine Schließmuskeln und stell dir dabei die Tiefe im Muskelgeflecht des Beckenbodens vor. Spiel mit deiner Beckenbodenmuskulatur, als wäre es dein Gesicht. Gähne gleichzeitig mit Mund und After. Wackle mit deinen Sitzhöckern als wären es deine Ohren. Verzieh deine Augenbrauen und übertrag diese kleinen Bewegungen auf deine Schambeine. Wenn dir dies ungewohnt vorkommt, probier es trotzdem: Der Beckenboden freut sich über jeden Versuch.

Den Sitzbeinen Beine machen

Aufgerichtetes Sitzen ist das kleinstmögliche Sitzübel. Beim Sitzen ist es entscheidend, das Becken so aufzurichten, dass du auf den Sitzhöckern und nicht auf deiner Wirbelsäule sitzst. Vertrete dir öfters deine Sitzbeine direkt auf dem Stuhl. Je härter der Stuhl, umso weicher denke dir deine Sitzbeine.

Kostenloses Becken-Stretching

Schneidersitz und Kauern sind natürliche, bewährte und für den Organismus sehr bekömmliche »Verweilpositionen«, die in vielen Kulturen bis ins hohe Alter praktiziert werden. Nur wenn die Muskulatur verkürzt und der Bewegungsapparat eingerostet ist, empfindet man diese Haltungen als unbequem – ein Signal, um beides wieder einzuüben und flexibler zu werden.

Probiere zu kauern beim Warten oder begib dich in einen Schneidersitz beispielsweise beim Zeitunglesen, Aktenstudium oder mentalem Vorbereiten auf die nächste Aufgabe.

Saftiges Becken

Du sitzt in einem Vortrag. Leg deine Hände unter die Sitzknochen. Ziemlich belastend? – Jede Muskelzelle, jede Nervenfaser, jedes hauchdünne Gefäß deines Allerwertesten ist diesem Druck ausgesetzt. Stell dir vor, wie dankbar diese Zellen für jedes Kilo weniger Übergewicht sind, für jede noch so kleine Mikrobewegung, für jeden tiefen Atemzug, für jeden Haltungswechsel, für lockere Kleidung, für jeden Schluck Wasser.

Alternierend alternativ

Dynamische Sitzalternativen wie Sitzbälle, Sitzkissen und Stehhilfen laden zum Kreisen, Federn und Pendeln ein. Diese Geräte können alternierend im Team ausgetauscht werden. Das bringt Bewegung und Variation ins Sitzverhalten. Es aktiviert die Verdauung und das Immunsystem. Das Bauchhirn wird zu richtigen Entscheiden angeregt.

Anker heben

Gelegentlich den Allerwertesten heben lockert die Sitzpolster und stärkt den Rest des Körpers. Manche Arbeitsabläufe können abwechselnd im Sitzen, Stehen, Gehen und Liegen erledigt werden.

Gut geschraubt ist halb gewonnen

Dein Becken ist nicht »aus einem Guss«; es besteht aus zwei Knochen, die vorne über die Schambeinfuge und hinten über Gelenke flexibel mit der Wirbelsäule verbunden sind. Löse jeden Schritt von deinem Körperschwerpunkt im Becken aus. So können sich deine Beckenhälften beim Gehen im Sinn des natürlichen »kontralateralen« menschlichen Gangs gegengleich verdrehen, sie können schaukeln, rollen, pendeln und federn. Dutzende von Muskeln, Bändern und Organen sind an diesem Spiel beteiligt. Vom Beckengefüge übertragen sich der Torsionsimpuls und weitere mobilisierende Kräfte in deine Wirbelsäule.

Eigene Bilder, Merksprüche und Notizen

Wirbelsäule – mehr Wirbel als Säule

Die Wirbelsäule ist nicht starr wie ein Besenstiel, sondern mit ihren zahlreichen Gelenken zum Balancieren und Bewegen in alle Richtungen prädestiniert. Sie agiert lieber, als dass sie reagiert. Sie balanciert den Kopf und schwingt den Brustkorb sowie Arme und Beine. Sie hat ihre natürlichen Kurven, in der neutralen Position ein Doppel-S. Und sie liebt es, immer wieder zu »wirbeln«, statt wie eine Säule fixiert zu sein. Halte, bewege und entspanne deine Wirbelsäule und deinen Rücken, indem du je nach Bedarf an Begriffe denkst wie Puddingkern, nährender Liquor, Gartenschlauch, Gummi, Muskelozean, geschmierte Gelenke oder saftige Schwämme. Viel Spaß an diesen und an deinen eigenen Bildern, welche mehr Wirbel- als Säulegefühl vermitteln.

Wirbelsäule schlängelt

Deine Wirbelsäule hat ihre natürlichen Kurven. Du kannst sie darüber hinaus fast beliebig »schlängeln«. Die Schlange beherrscht zwar die Wellenbewegungen perfekt, vermag aber keine Verschraubungen, so genannte Torsionsbewegungen, auszuführen. Im Gegensatz dazu können zum Beispiel Seelöwen oder Katzen, aber auch Menschen nicht nur schlängeln, sondern sich »verschrauben«. So betrachtet, müssten Schlangenmenschen eher Seelöwen- oder Katzenmenschen genannt werden.

Wirbelsäule wirbelt

Die Wirbelsäule liebt Torsionen um den Längskern, sie ist dafür geschaffen. Bildschirmarbeit und andere frontal gerichtete und fixierende Tätigkeiten behindern das naturgewollte Verwirbeln und Verschrauben der Gewebe. Deshalb sind spiralige Ausgleichs- und Wohlfühlbewegungen alle zwanzig Minuten besonders wichtig. Stell dir Seelöwen vor, die sich im Wasser winden und wenden. Genauso geschmeidig darfst du durch dein Leben gleiten.

Wirbelsäule schwänzelt

Dein Kreuzbein bestand früher aus fünf Wirbeln und fünf Rippenpaaren. Stell dir vor, dass der Prozess ihrer Verschmelzung noch andauert, um hier mehr Elastizität zu erreichen. Dein Steißbein schwingt und wirbelt wie ein imaginärer Schwanz – das war er ja auch früher – zwischen deinen Beckenschaufeln.

Wirbelsäule schlingt und rankt sich

Sich winden und verdrehen sind Grundbewegungen, die noch intensiver und dynamischer wirken als kreisen, drehen oder rollen. Beim Winden und Verdrehen erfährt die Körpermasse eine Torsion. Das heißt, nicht alle Körperteile drehen gleichzeitig in eine Richtung: Während ein Teil der Masse in eine Richtung dreht, folgt der Rest entweder hinterher, oder er wirkt als Verankerung oder dreht in die Gegenrichtung. Fühle dich im Leben wie eine Pflanze. Ranke dich dem Licht entgegen und verwurzle dich gleichzeitig immer tiefer in die fruchtbare Erde.

Wie »geht« es der Wirbelsäule?

Der kontralaterale Gang (gegengleiches Schwingen von Arm und Bein) hat sich im Lauf der Evolution als die energiesparendste Fortbewegungsart für den Menschen erwiesen. Je nach Art der Tätigkeit entwickelt sich die Torsion im Becken oder im Kopf oder irgendwo entlang der Wirbelsäule. Wichtig ist, dass Impulse weitergeleitet und auf die ganze Wirbelsäule, auf den ganzen Körper verteilt werden.
Schreite mit der Vorstellung, dass deine (Wirbel-)Säule und dein (Brust-)Kasten von deinen Stelzen (Beinen) transportiert werden. Wie fühlt sich deine Haltung an?
Nun schreite mit der Vorstellung, dass sich jeder Schritt vom Becken her ausbreitet: in deine Beine, in deine Wirbelsäule, in deinen Brustkorb und Schultergürtel, in deine Arme, in deinen Kopf. Empfindest du mehr Wirbel oder mehr Säule? Wie »geht« es deinen Wirbeln und deinen Bandscheiben?

Feststimmung in der Wirbelsäule

Deine Wirbelsäule und damit auch dein Rücken müssen nicht geschont, sondern richtig genutzt werden. Sie wollen nicht bloß reagieren, sondern agieren. Deine Wirbelsäule ist der Körperteil mit den meisten Knochen, Gelenken, Bändern und Bandscheiben. Diese müssen geschmiert und genährt werden, um nicht zu degenerieren. Dies geschieht durch Bewegung – und seien es nur Mikrobewegungen in Form von fließendem, tiefem Atmen. Steh mit geschlossenen Augen aufrecht, und atme großzügig. Spürst du, wie sich deine Wirbelsäule mitsamt aller ihrer Bestandteile bei jedem Atemintervall verkürzt und verlängert, einer Ziehharmonika oder einer Girlande ähnlich? Lass zu, dass deine Wirbelsäule von den umliegenden, »mitatmenden« Muskeln und Organen massiert wird.

Flüssiger Kern, Schlauch und Gummi

Die Wirbelsäule besteht in ihrem Kern aus puddingartigem Rückenmark (Nervenstränge). Dieses wird von der Gehirn-Rückenmark-Flüssigkeit (Liquor) umspült, genährt und isoliert. Ein elastischer und schützender Schlauch hüllt diesen wertvollen Kern ein.[1] Der so genannte Spinalkanal, in dem sich dieser Schlauch befindet, ist mit Schmiermaterial und elastischen Bändern ausgekleidet. Weitere Bänder packen die ganze Wirbelsäule von außen schützend, stützend und trotzdem elastisch ein.

Mach mehrmals pro Tag Seit-, Vor- und Rückbeugen, als wäre deine Wirbelsäule vom Steiß bis zum Scheitel ganz aus einem hochelastischen Gummischlauch geschaffen, der niemals knickt. Geh dabei etwas in die Knie, um einen Gegenzug, eine Verankerung zu bilden.

1 Siehe dazu Seite 127.

Schiefe Basis – hohles Kreuz

Dein Kreuzbein bildet ohnehin schon eine schräge Basis, eine »Rutschbahn« für die erste Bandscheibe deiner Wirbelsäule. Je höher deine Absätze, umso steiler diese Rutschpartie. Vermeide die daraus resultierenden Fehlhaltungen, Verspannungen und Abnutzungen. Trag so oft wie möglich flache und flexible Schuhe.

Symmetrie erwünscht

Arbeitsstellungen mit minimalstem, aber länger andauerndem Beugen vorwärts, seitwärts oder rückwärts sowie leichte Verdrehungen, beispielsweise wenn der Computerbildschirm nicht genau frontal platziert ist, führen zu muskulären und anderen Disharmonien. Dasselbe gilt für unausgewogene Belastungen des Körpers unten und oben. Mit einfachen Tricks lässt sich dies vermeiden: Telefonieren kannst du mit Stereo-Kopfgarnituren; Transportiere Akten, Laptops und Notebooks im Rucksack – so bleiben beide Hände frei, und die Belastung ist ausgeglichen. Utensilien, die du im Minutentakt benützt – Schubladen, Werkzeug, Unterlagen –, kannst du in Griffnähe symmetrisch verteilen. Utensilien, die du im Stundentakt brauchst, verstaue tief zum Kauern und hoch zum Strecken.

Wirbelsäule rundum zufrieden

Der menschliche Körper ist nicht konsequent symmetrisch organisiert. Trotzdem ist er auf einen ausgewogenen Massenausgleich rund um die Zentralachse angewiesen. Korrektes Heben und ausbalanciertes Tragen sind ein unentgeltliches Krafttraining. Bei Dauer- oder Spitzenbelastungen sind Hilfe und Hilfsmittel selbstverständlich angebracht.

Lasten müssen nicht lästig sein

Keine Angst vor Lasten und Widerstand. Dein Körper soll nicht geschont, sondern sinn- und maßvoll belastet werden. Hast du etwas Schweres zu heben? Bring die Last so nah wie möglich an deinen Körperschwerpunkt heran, atme gelassen ein und mit der Hebebewegung aus. Gewichtheber schreien sogar im Moment der größten Anstrengung.

Tierisch Gutes zwischendurch

Mach es den Tieren nach. Sie sind beste Vorbilder für Geschmeidigkeit, Kraft und Ausdauer: Räkle und strecke dich wie eine Katze. Wälze und winde dich am Boden. Fühlt es sich nicht tierisch gut an!

Da schließt sich der Kreis!

Geh in die Hocke, stütz dich mit den Händen an den Oberschenkeln ab und runde deine Wirbelsäule so gut es geht. Zieh dabei den Kopf in Richtung deiner Knie. Denk dir einen geschlossenen Kreis zwischen deinem Steißbein und dem Scheitel. Atme ein paar Mal mit Zwerchfell, Bauch und Beckenboden, die du in dieser Position gut beobachten kannst, gelassen ein und aus. Spürst du, wie sich Rücken und Nacken dehnen? Rolle deine Wirbelsäule von Steiß bis Kopf langsam wieder auf, Wirbel um Wirbel, Bandscheibe um Bandscheibe. Versuch dasselbe am Boden rollend.

Ein Nickerchen in Ehren

Beim Liegen verteilt sich der Druck auf mehr Auflagefläche, wodurch in der Wirbelsäule, im ganzen Körper mehr Durchfluss möglich ist. Gönne dir deshalb so oft wie möglich ein zwanzigminütiges Mittagsschläfchen. Du fühlst dich danach garantiert erfrischt und nachweislich leistungsfähiger. Nicht umsonst hat sich der Begriff »powernap«, also Kraftnickerchen, bereits auch in der deutschen Sprache eingenistet.

Hängen gegen Bandscheiben- und andere Vorfälle

Im vorderen Bereich der Wirbelsäule, zwischen den einzelnen Wirbelkörpern, befinden sich Bandscheiben, die sich wie Schwämme verhalten. Je mehr Zug und Entlastung statt Dauerdruck sie erfahren, umso besser saugen sie sich ihren nahrhaften Saft und ihre Schmiere aus den umliegenden Körperflüssigkeiten auf.

Montiere eine Reckstange in den Türrahmen und hänge dich jedes Mal daran, wenn du ihn mit freien Händen passierst. Stabile Schränke oder Konstruktionsrohre eignen sich ebenso zum Hängen.

Kostengünstige Rückenmassage

Am Morgen wird das Federbett geschüttelt und geklopft, damit es sich regenerieren kann. Das Gleiche braucht dein Körper alle zwanzig Minuten, besonders bei zwingend monotonen Arbeitshaltungen. Grundbewegungen wie Hängen, Schwingen, Schaukeln, Kreisen, Drehen, Pendeln, Schütteln, Balancieren, Jonglieren und Federn sind Wohlfühlbewegungen, die du einfach in den Alltag integrieren kannst. Die verspannten Körperteile werden gelockert, und alle Zellen können wieder pulsieren.

Schwingende Wirbelsäule

Schwinge hängend, aber jederzeit auch stehend in allen Dimensionen: vorwärts, rückwärts, rechts, links, und – besonders bekömmlich – spiralförmig. Achte darauf, dass alles schwingt: Knochen und Gelenke, alle Muskeln, alle Organe, jede Zelle. Ein Schwung zeichnet sich dadurch aus, dass ein kleiner Impuls, vorzugsweise aus der Körpermitte, sich im ganzen Körper und sogar in den Raum hinaus ausbreitet. Eine Schaukel draußen oder sogar drinnen ist eine gute Idee. Als dezente Alternative bietet sich ein Schaukelstuhl an, zum Beispiel für »Thinkwork«.

Eigene Bilder, Merksprüche und Notizen

Eigene Bilder, Merksprüche und Notizen

Brustkasten – mehr als ein Kasten

Der Begriff des »Brustkastens« irritiert: Dieser bewegliche Körperteil ist kein starrer Kasten. Dein Brustkasten beherbergt und schützt Lungen, Herz und Thymusdrüse. Er unterstützt die Schulterpartie und bietet somit den Armbewegungen eine gute Basis. Über zahlreiche Muskeln ist er mit deiner Wirbelsäule und deinen Armen, aber auch bis hinauf mit deinem Kopf und bis hinunter mit deinem Becken verbunden. Seine Verbindungen sind flexibel: Dein Brustkorb ist so konstruiert, dass er mit der Dynamik des Brustbereichs als Atemraum kombinierbar ist. Nenne und empfinde dein flexibles Rippengefüge deshalb zutreffender als »Brustkorb« oder »Rippenkorb«.

Mit dem Brustkorbnetz auf Fischfang

Beweg deinen Brustkorb wie ein Fischnetz voller Fische (die Fische sind hier deine Organe). Zieh nun dein »Rippennetz»« gemächlich in verschiedene Richtungen durchs Wasser. Genieß den Bewegungsfluss des Brustkorbs und der darin mittreibenden »Organfische«. Dein Hals und Kopf werden zusehends von diesen Strömungen mit erfasst. Die Atmung, Flexibilität und Torsionsfähigkeit deines Rippenkorbs werden deinen Schulterbereich zum Gleiten bringen, deine Arme in Schwung versetzen und dein Fingerspitzengefühl verfeinern.

Die Rippen twisten

Die natürliche Verschraubung (Torsion) der Wirbelsäule bei jedem Schritt und bei anderen Bewegungen kann durch bewusste Torsionen des »Rippenkorbes« sehr gefördert werden. Jede einzelne Rippe beteiligt sich an diesen Verwindungen. Hinten ist jede Rippe gelenkig mit der Wirbelsäule und vorne über elastisches Knorpelgewebe zum Brustbein verbunden. Spüre, wie jede einzelne Rippe die Verwindungen der Wirbelsäule beziehungsweise des Brustbeins mitmacht. So lockerst und mobilisierst du deine im Alltag oft fixierte, verspannte, verkürzte, schlecht beatmete und durchblutete Brust-Schulter-Nackenpartie.

Drehfreudige Brustwirbel

Bei monotoner frontaler Arbeit (Bildschirm, Frontalunterricht, Fernsehen, Autofahren …) verklebt und verrostet dein Brustkorb allzu schnell. Dabei ist deine Wirbelsäule im Brustbereich von natur aus besonders drehfreudig. Sie wird hier von bis zu sechs Schichten Muskeln rundum gehalten und bewegt.

Schau nach hinten wie eine Eule – drehe nicht nur Kopf und Hals, sondern auch deine Brustwirbel. Löse die Bewegung bewusst in den tiefsten, kleinsten Rotatorenmuskeln aus, die sich besonders ausgeprägt im Bereich der Brustwirbelsäule befinden. Leite diesen Impuls an die weiteren, nach außen immer größeren Rumpf-Hals- und Kopfmuskeln weiter.

Zwerchfell-Fallschirm

Dein Zwerchfell ist ein Riesenmuskel. Es hat die Form einer Kuppel, die am unteren Rand des Brustkorbs befestigt ist und in entspanntem Zustand in den Brustkorb hinein ragt. Lunge und Herz sitzen oben drauf. Direkt darunter liegen rechts die Leber, links der Magen und die Milz und hinten die beiden Nieren. Beim Einatmen senkt sich dein Zwerchfell, indem seine Muskelfasern ineinander gleiten und die Kuppel sich abflacht, und zieht Lungen und Herz nach unten. Auch deine Bauchorgane werden nach unten gestoßen und weichen etwas nach vorne aus, weil die Rückseite mit der Wirbelsäule und den Rückenmuskeln weniger nachgeben. Dies ist die Kontraktionsphase des Zwerchfells und dauert einen Drittel des Atemzyklus. Beim Ausatmen verlängern und entspannen sich die Muskelfasern und gleiten in ihre ursprüngliche Lage zurück, es entsteht eine Atempause. Deine Bauchorgane werden beim Ausatmen unter der Sogwirkung des Zwerchfells – und weil sie teilweise über Bänder mit ihm verbunden sind – hochgezogen, die Brustorgane angehoben. Diese Bewegung und die folgende Atempause dauern zwei Drittel des Atemzyklus.

Befreite Lungen

Der Brustkorb wird größtenteils durch zwei Lungenflügel ausgefüllt. Dazwischen liegen das Herz, die ihm aufsitzende Thymusdrüse, die Speiseröhre, die Luftröhre, die Brustwirbelsäule, die großen Blutgefäße, Nerven- und Lymphbahnen. Rechts befinden sich drei Lungenlappen, links nur zwei, weil das Herz hier etwas mehr Platz einnimmt. Die Lungenlappen »überlappen« sich, wodurch sie beim Ein- und Ausatmen aneinander vorbeigleiten und sich den Veränderungen des Brustraums anpassen können. Steh auf, öffne das Fenster, räkle dich und strecke deinen Brustkorb, atme. Stell dir vor, dass die Lungenlappen dabei umhergleiten wie Fische. Stell dir vor, wie deine Arme und Finger sich aus deinen Lungen heraus bewegen und in deine Lungen hinein wurzeln.

Die Rippen fächern

Bei jedem Einatmen weitet sich der Brustkasten, oder eben lieber der flexible Brustkorb, beträchtlich dank der zweischichtig diagonal angeordneten Muskulatur zwischen den Rippen (wie eine Schere) und weiteren Atemhilfsmuskeln. Bei jedem Ausatmen bewegen sich die Rippen wieder aufeinander und auf die Wirbelsäule zu. Die Rippen fächern sich sozusagen dreidimensional auf und zu. Die Atembewegungen des Brustkorbs erleichtern die Aktivität der um deine Bronchien und Bronchiolen gewickelten Muskelfasern. Die Elastizität und Funktion der Lungenbläschen werden verbessert.

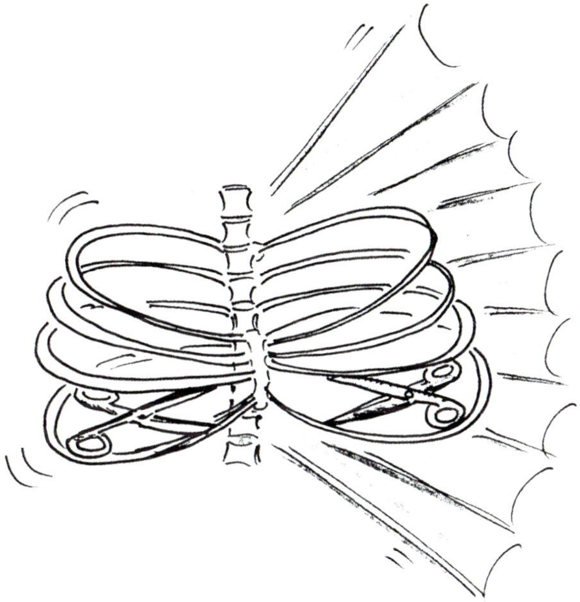

Lungentrauben oder Lungenrosinen

Wenn die Lungenbläschen durch die Atembewegungen des Bewegungsapparates nicht genügend gelockert, geschmiert und gekräftigt werden, verkleben die Zellmembranen. Der Gasaustausch ist erschwert. Solche »vertrocknete Lungenrosinen« sind vermeidbar:

Halte im Stehen den Atem an und lass deinen Kopf und Rumpf langsam vornüber hängen. Wie weit kommst du? Richte dich dann langsam wieder auf. Nun atme gelassen ein und aus, mit der Aufmerksamkeit in deinen Lungenbläschen. Während du so bewusst in deinen »saftigen Lungentrauben« atmest, beug dich wieder langsam vornüber. Bist du viel weiter gekommen? Fühlst du dich viel beweglicher?

Die Rippen rudern

Die Rippenbewegungen kannst du beim Atmen differenziert wahrnehmen:

Stell dir deine Brustwirbelsäule als ein Ruderboot vor, bei dem die Rippen die Ruder sind. Die Schubkraft eines Bootes entsteht durch das Heranziehen der Ruder ans Boot – das entspricht dem Heranziehen der Rippen zur Wirbelsäule, dem Ausatmen. Die Wirbelsäule verlängert sich dabei.

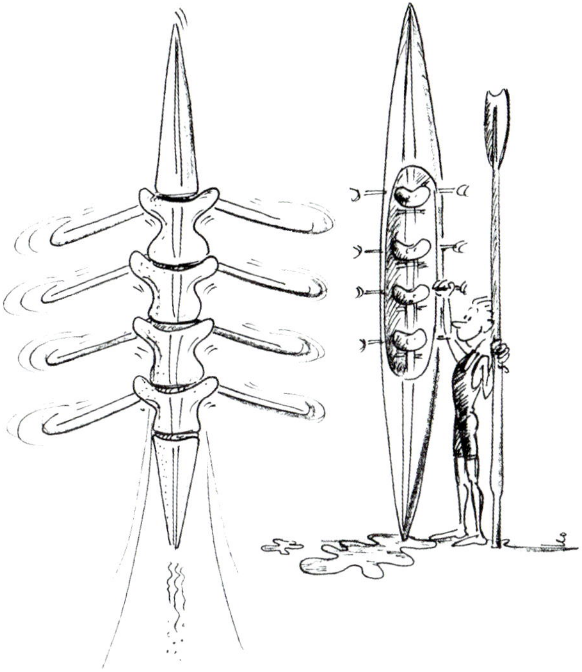

Schwämme zwischen den Brustwirbeln

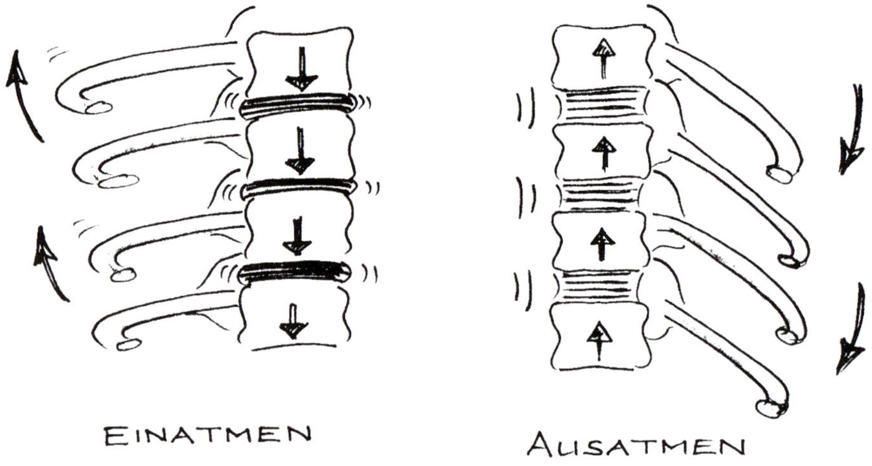

Bei jedem Ausatmen werden deine Wirbel und Bandscheiben auseinander bewegt, da die Rippen in diese Strukturen gelenkig hineingreifen und wie Hebel auf sie wirken. Die Wirbelsäule wird dabei wie eine Girlande kopfwärts geschoben und verlängert sich so um bis zu zwei Zentimeter. Das entlastet deine Bandscheiben und lässt diese mit Nährflüssigkeit aufquellen – wie Schwämme. Nicht zuletzt deshalb ist eine ausgiebige und vollständige Ausatmung so wichtig.

Brustbeinglocke

Das Brustbein agiert und reagiert ebenfalls sehr elastisch. Erstens, weil es die meisten Rippen vorne gelenkig vereint, und zweitens, weil es in sich flexibel ist, dank einem Gelenk auf der Höhe des obersten Rippenpaares und einem zweiten Gelenk auf der Höhe des (von oben gezählt) sechsten Rippenpaares.

Berühr dein Brustbein an seinen drei Teilen: zuoberst am so genannten Manubrium – hier greifen auch die Schlüsselbeine gelenkig hinein; in der Mitte – hier bestehen die zugehörigen Rippen aus viel Knorpelmaterial, was diesem Bereich zusätzlich Elastizität verleiht, und zuunterst am so genannten Schwertfortsatz, welcher frei schwingt, weil hier keine Rippen hineingreifen. Spürst du, wie dein Brustbein beim Atmen seine Stellung und Form verändert? Stell dir sich eine Glocke vor, die am Schwertfortsatz hängt, im Atemrhythmus vor- und zurückschwingt. Hörst du die Glocken läuten, bei jedem Atemzug?

Kobra für die Brust

Lege dich bäuchlings hin und richte dich wie eine geschmeidige Kobra auf. Dies ist eine wohltuende Körperhaltung um das ständige Vornübergebeugt-Sein zu kompensieren und einen Buckel zu vermeiden. Die harte Unterlage dient dabei als eine Echowand, welche dir die Intensität deiner Atembewegungen in Brust und Bauch reflektiert. Atme in dieser Kobrastellung besonders intensiv gegen den Widerstand der Unterlage. So werden deine Organe und Drüsen von innen durchmassiert. Ihre Durchblutung, Funktion und Produktivität werden verbessert.

Eigene Bilder, Merksprüche und Notizen

Eigene Bilder, Merksprüche und Notizen

Schultern, Arme und Hände – Die Leichtigkeit des Tuns

Die Evolution hat den Menschen aufgerichtet und seine Arme und Hände zum Handeln, zum Agieren und Reagieren befreit. Künstler, Artistinnen, Musiker, Therapeutinnen, Chirurgen und andere Hand-werkerinnen oder Händ-ler verdanken ihr Talent der Virtuosität ihrer Hände. Die Virtuosität der Hände trägt zur Genialität des Gehirns bei.

Mehr Schulter, weniger Gürtel

Dein Schultergürtel ist kein Gürtel, der sich eng um den Brustkorb schnallt. Oder sich gar vom Brustkorb ablöst und sich in Form von Dauerverspannung zu deinem Kopf hin hochzieht. Er darf sich wie eine Schulterpartie anfühlen, die auf dem und um den Brustkorb herumtanzt. Deine Schulterblätter und deine Schlüsselbeine wollen von ihren etwa dreißig zugeordneten Muskeln bewegt und nicht festgehalten werden!

Schulterblätter – Fische im Muskelmeer

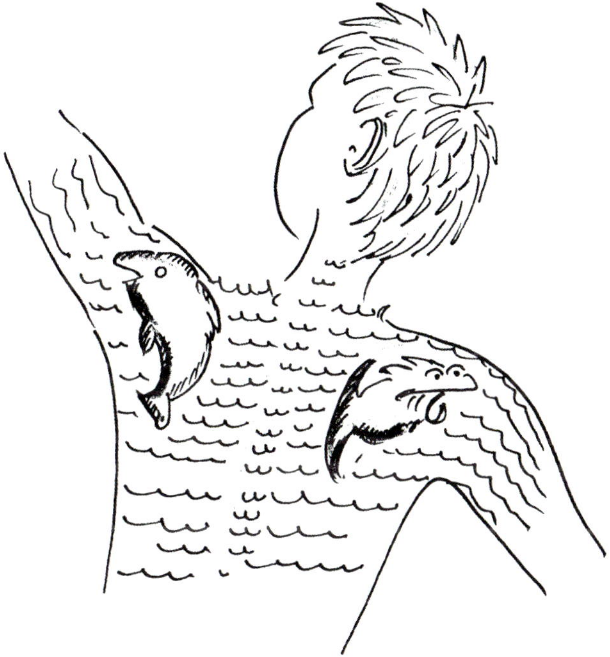

Deine Schulterblätter sind von etwa sechzehn Muskeln rundum eingepackt und beeinflusst. Sie ziehen, stoßen und drehen daran, damit der Arm, das Schlüsselbein, der Brustkorb, die Wirbelsäule und der Kopf, ja sogar das Zungenbein optimal miteinander kooperieren können. Streikt einer dieser Muskeln, so ist das ganze Muskelorchester behindert. Damit das komplexe Zusammenspiel dieser Muskeln im Fluss bleibt, stellst du dir am besten deine Schulterblätter wie Fische vor, die in ihrem Muskelmeer großräumig um den Brustkorb herumschwimmen – je nach Bedarf mit dem Hauptstrom oder auch gegen den Strom.

Schlüsselbeine – der Schlüssel zum Erfolg

Deine Schlüsselbeine sollten wie deine Schulterblätter sehr beweglich sein, da sie zum Schulterblatt und zum Brustbein hin gelenkig verbunden sind und da verschiedenste Muskeln an ihnen wirken. Taste dein Schlüsselbein und beobachte, wie es sich bewegt, wenn du den Arm, den Kopf, den Brustkorb oder die Wirbelsäule bewegst. Löse nun umgekehrt die Bewegungen im Schlüsselbein aus und beobachte wie sie in den genannten Körperteilen ankommen. Befreie deine Schlüsselbeine, umso freier und virtuoser werden deine Arm- und Handbewegungen. Teste dich im Spiegel: Bei einem ausgewogenen Schulterbereich sollten deine Schlüsselbeine beinahe horizontal sein.

Geflochtene Arme – kein alter Zopf

Ob Fuß, Knie, Beckenknochen, Bandscheiben oder Hautzeichnungen, vieles weist darauf hin, dass die Bewegungsenergie der Muskulatur spiralförmig wirkt. Beobachte einen Tänzer. Siehst du, dass innerhalb einzelner Muskeln und Körperteile, aber auch im ganzen Körper, schräg verlaufende Systeme und Verdrehungen den Kräfteverlauf dominieren? In der Region von Schulter und Oberarm präsentiert sich die Muskulatur beinahe wie ein geflochtener Hefezopf.

Beweg deine Hände, Arme, Schultern mit Hilfe folgender Adjektive, und das auch bei einfachsten Alltagsbewegungen: geflochten, kordelartig, verdreht, gesponnen, gewunden, verschraubt, torsionsartig, getwistet, verquirlt, verwirbelt …

Ausgefranste Kordeln

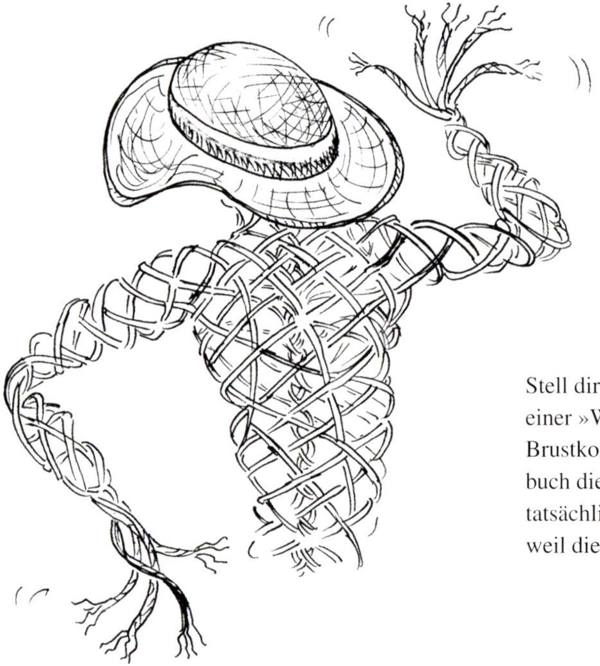

Stell dir Schultern und Arme als in sich gedrehte Kordeln vor, die aus einer »Wirbelsäulen-Kordel« hervorgehen und über den »geflochtenen« Brustkorb zu den Fingern hin ausfransen. Wenn du in einem Anatomiebuch die Anordnung der Muskulatur aller Schichten betrachtest, ist sie tatsächlich so gedreht und verwoben. Gewunden sind auch die Knochen, weil die Muskeln entsprechend daran ziehen und darauf drücken.

Linear ist nicht immer optimal

Stell dir vor, du wärst ein Roboter, der nur lineare Armbewegungen ausführen kann. Geh so für eine Weile deinen Alltagsbeschäftigungen nach. Nun darfst du wieder sämtliche Hand-, Arm- und Schultergelenke, deine gewundenen Knochen und deine geflochtenen Muskeln vollumfänglich nutzen. Ist diese zweite Variante deine bevorzugte? Dann bleib dabei!

Schwungvolles Hand-eln

Papierkörbe auf dem Boden sind unästhetisch und erschweren das Putzen. Stell deinen Papierkorb auf einen Korpus über deine Augenhöhe oder gestalte ihn wie einen Basketballkorb. Zerknülle jeweils deine Makulatur und wirf so lange auf den Papierkorb, bis du dein Ziel getroffen hast. Das beschwingt wieder für eine Weile.

Lockersein führt zum Ziel

Ob alleine, zu zweit oder in einer Gruppe, das Werfen und Fangen, Zielen und Treffen verbessert deine Geschicklichkeit und Konzentrationsfähigkeit. Ängste und Aggressionen werden spielerisch abgebaut. Vertrauen, gesunde Risikobereitschaft und Experimentierfreude blühen auf. Wenn du die Muskulatur dabei nicht mehr als nötig aktivierst, kommst du schneller, koordinierter und lustvoller zum Ziel.

Muskeltonus à la carte

Ein Muskel befindet sich nie in völliger Ruhe. Er hat eine Grundspannung, die ihn vor Überdehnung, aber auch vor plötzlich einwirkenden Kräften schützt. Dank dieser Grundspannung kann er unmittelbar und jederzeit reagieren. Sie ermöglicht ihm einen kontinuierlichen Ausgleich zur Gravitationskraft. Diese Eigenspannung ist abhängig von Konstitution, Alter, Ernährung, Lebensgewohnheiten und Trainingszustand. Ein wärmendes Kaminfeuer, duftende Massage oder ein kurzes Nickerchen entspannen und senken den Tonus. Konzentrische, exzentrishe oder isometrische Aktivierung der Muskulatur steigert den Tonus.

Entdecke deinen mittleren, ökonomischen, gleichmäßigen Ganzkörpertonus, der sich nicht unnötigerweise allzu weit vom Grundtonus entfernt – vergleichbar mit den Straßenkünstlern, die stundenlang die kompliziertesten Verrenkungen aushalten und dabei problemlos atmen und lächeln. Entdecke die Leichtigkeit der Alltagshandlungen: so wenig wie möglich, so viel wie nötig.

Kreuz und quer

Benutze die linke und die rechte Hand gleichwertig. Belaste beide Arme und Schultern gleichmäßig. Trainiere bilateral, auf beiden Seiten. Bewege Arme und Beine öfter übers Kreuz. So vermeidest du manche Schulter- oder Nackenverspannungen, Fehlhaltungen und muskuläre Disharmonien der unteren und oberen Extremitäten.

Hand-feste Beziehung zur Lunge

Stell dir vor, dass deine Lungen ein Gegengewicht zu deinen Armen bilden, wenn du diese hebst und hältst. Etwa so, wie das Hochschwenken und Obenhalten einer Zugbarriere. Die Lungen kannst du dir auch als Motor und Steuermann deiner Armbewegungen vorstellen. Wenn sich deine Armäste und Fingerblätter aus deinen Lungenwurzeln entfalten, so bist du besonders ausdauernd.

Je mehr sich, äußerlich betrachtet, die Finger, Arme und Schultern bewegen, umso intensiver ist auch deren Basis, also der Brustkorb und sein Inhalt an dieser Dynamik mitbeteiligt. Spürst du, wie jede deiner Handlungen sogar durch die Lungen hindurch bis in die Wirbelsäule und ins Becken Wurzeln schlägt?

Hand aufs Herz

Nutz die sprichwörtliche Beziehung von Hand und Herz:

Achte bei deiner nächsten Handlung oder Bewegung darauf, ob du mehr gibst oder mehr nimmst. Wie herzlich sind deine Gesten, dein Händedruck, deine Umarmung? Wie viel Fingerspitzengefühl wendest du an, wenn du deine nächste Herausforderung anpackst? Und wie zentral im Herzen oder im Rückenmark ist diese Feinmotorik verankert?

Dirigiere als Übung ein imaginäres Orchester aus dem Herzen heraus. Beweg dabei nicht nur deine Arme und Finger, sondern lass die Schulterpartie, die Rippen und alle darunter liegenden Organe, Gefäße und Körperflüssigkeiten mitgleiten, mitschwingen, mitfließen und mitgestalten.

Beflügelt sein

Beim nächsten Spaziergang, Walking oder Jogging: Stell dir vor, du wärst immer noch ein Lebewesen, das sich mit sechs Extremitäten fortbewegt. Schwing, stoße, pendle, verdreh, rolle, rudere, schwimm oder flieg mit deinen oberen Extremitäten, Armen und Kopf, genauso kräftig und bewusst durch die Luft, wie du es mit deinen unteren Extremitäten, Beinen und Steiß, gegen den Boden tust. Das gibt dir Auf- und Vortrieb, stundenlang, kilometerweit!

Eigene Bilder, Merksprüche und Notizen

Eigene Bilder, Merksprüche und Notizen

Der befreite Nacken

Ein verspannter Nacken ist häufig die Folge von Fehlhaltungen, Stress oder auch Angst. Mit einfachen Bildern von den anatomischen Gegebenheiten dieser Schlüsselstelle des Körpers lassen sich Verspannungen weitgehend selber lösen.

Die Würde sitzt im Nacken

Lass lieber Würde statt Angst in deinem Nacken sitzen. Würdenträger in vielen Kulturen betonen die Länge und Weite ihres Nackens, zum Beispiel mit Indianerfedern oder Halsringen, einem Turban oder Zylinderhut, einem Steh- oder Rollkragen. Stell dir deine Lieblingsvariante vor, es wird dich unmittelbar aufrichten.

Nacken-Gesicht

Der Nacken enthält sehr viele empfindliche Rezeptoren, so genannte Muskelspindeln. Diese messen den Spannungszustand, die Länge und Lage der Nackenmuskulatur. Dank dieser Muskelspindeln ist der Nacken beinahe gleich empfindsam wie die Füße, die Hände oder das Gesicht. Stell dir vor, dass dein Nacken dasselbe wahrnimmt und ausstrahlt wie dein Gesicht. Lass es nicht zu, dass die Zellen in deinem »Nacken-Gesicht« gequetscht, vernachlässigt oder ignoriert werden. Lass dir von einer vertrauten Person behutsam mit dem Finger ein Gesicht auf deinen Nacken malen. Wann hast du dich das letzte Mal von deinem oder deiner Liebsten mit einem Nackenkuss beglücken oder buchstäblich aufstellen lassen?

Nacken-Trapez

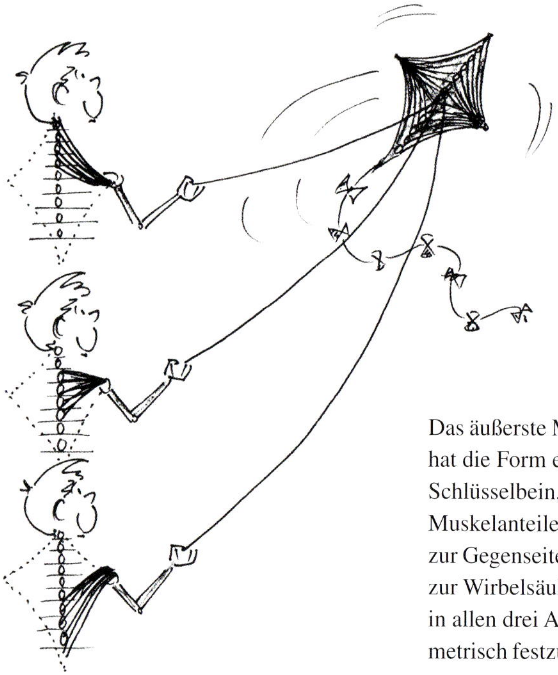

Das äußerste Muskelkleid deines Nackens und oberen Rückens, der Trapezius, hat die Form eines Trapezes. Es füllt die Fläche aus zwischen Hinterkopf, Schlüsselbein, Schulterblattgräte, Hals- und Brustwirbelsäule. Die oberen Muskelanteile des Trapezius heben dein Schulterblatt und drehen deinen Kopf zur Gegenseite. Die quer verlaufenden Muskelanteile ziehen dein Schulterblatt zur Wirbelsäule, die unteren Anteile ziehen es abwärts. Lass deinen Trapezius in allen drei Anteilen ausgewogen fliegen, statt ihn ungleichmäßig und asymmetrisch festzuhalten. Ungeachtet dessen, woher oder wie stark der Wind bläst.

Nacken-Herz

Deine hintere Schädelbasis ist über zwei tief gelegene Muskelpaare mit den letzten zwei Halswirbeln verbunden. Sie sind für die Feinmotorik des Kopfes zuständig. Gemeinsam betrachtet, erinnern sie an die Form eines Herzens. Achte darauf, dass dein Nacken-Herz niemals bricht. Nicht bei Bildschirmarbeit, nicht beim Sprechen oder Autofahren. Eine herzlich herzförmige Selbst- oder Partnermassage in diesem Bereich ist immer hilfreich.

Nacken-Fahne

Die Fläche zwischen Schädelbasis und Halswirbel wird von einem kräftigen und elastischen Band ausgefüllt. Manche Tiere, zum Beispiel Katzen, tragen ihre Jungen an diesem Nackenband herum.

Beweg deinen Hals und Kopf so, dass sich dieses Nackenband locker wie eine Fahne im Wind anfühlt.

Genick ohne Knick

Vermeide jedes Abknicken deines Spinalkanals in der Wirbelsäule. Immerhin sind hier die Hauptleitungen deines Steuerungsystems untergebracht. In geknickten Schläuchen fließt nichts. Da läuft die Gehirnzentrale ganz schön heiß. Selbst minimales Rückwärtskippen oder Vorschieben des Kopfes als Dauerhaltung verursachen Druck und Stau in Nerven-, Blut- und Lymphbahnen, Muskeln, Luftröhre, Stimmapparat, Bandscheiben und Drüsen des Halses.

Kräftige Röhren und Schläuche

Wenn du deine Gesichtsmuskeln, insbesondere die Ring- und Schließmuskeln deiner Augen und deines Mundes entspannst, lösen sich reflektorisch alle Ring- und Schließmuskeln in deinem Körper. Dieser Tonus-Ausgleich wirkt sich positiv auf deine Halsgefäße sowie auf deine Speise- und Luftröhre aus, denn auch hier befinden sich Ring- und Schließmuskeln. Dein Engpass Hals wird für Funktionen wie Atmen, Essen, Sprechen, Singen und Bewegen durchlässiger.

Ausgewogenes Zungenbein

Das Zungenbein ist ein hufeisenförmiger Knochen, der sich unterhalb der Zunge und oberhalb des Kehlkopfs befindet. Als einziger Knochen im Körper hat er keine Gelenkverbindung zu einem anderen Knochen. Am Zungenbein setzen neben der Zunge zahlreiche weitere Muskeln an. Sie ziehen und stoßen in alle Richtungen, direkt oder indirekt zu Kiefer, Schädel, Schulterpartie, Rippen, Wirbelsäule und Becken. Es ist wichtig, dass dieser Knochen durch seine Muskeln nicht verzogen oder festgehalten wird, sondern locker um die Luftröhre »schwebt« und mit den benachbarten Geweben nicht verklebt. Dies ist eine Voraussetzung für eine lockere Nackenmuskulatur. Dein Zungenbei ist der Dirigent deiner Halsbewegungen.

Stell dich aufrecht hin. Fahr mit deinen Fingerkuppen sanft vom Kinn Richtung Kehlkopf, bis du direkt über dem Kehlkopf eine kompakte Stelle erfühlst – dein Zungenbein! Wenn du nun mit der Zunge (als Bürste gedacht) deinen Mundraum und deine Zähne putzt, so spüren die Finger deutlich, wie das Zungenbein herumgleitet. Genauso frei, beweglich und ausbalanciert darf sich dein Zungenbein immer anfühlen, auch wenn du die Zunge nicht bewegst.

Atlas umarmt Axis

Wenn du deinen Kopf mit Leichtigkeit und Effizienz bewegen möchtest, so mach dir die perfekten Gelenkverbindungen zwischen Kopf und Hals zu Nutze: Dein Schädel nickt und neigt sich dank seinen zwei unteren Höckern in den zwei Pfannen des ersten Halswirbels, Atlas genannt. Der Atlas wiederum »umarmt« die knöcherne »Achse« des zweiten Halswirbels, Axis genannt, und dreht sich dank der Gelenkflüssigkeit mühelos darum herum.

Hart-näckigkeit und Starr-köpfigkeit ade!

Das Bindegewebe funktioniert als Gerüst, Netzwerk, Orientierungshilfe, Leitplanke oder als Trennfläche für Zellen, Zellverbände und Organsysteme. Es ist eine vielseitige Grundgewebeart und durchwebt sämtliche Körpersysteme. Wenn du theoretisch deine Muskel-, Knochen-, Organ- und Nervenzellen entfernen würdest, so bliebe deine Körperform als eine Bindegewebe-Matrix immer noch erhalten.

Beweg dich mit der Vorstellung, dass sich ein scherengitterartiges und dadurch elastisches Netzwerk, welches deinen ganzen Körper durchwebt, fortwährend verändert und anpasst. In etwa so, wie das Netz, in welches Orangen oft verpackt sind. Bei jedem Atemzug, bei jedem Schritt und bei jedem Handgriff entsteht ein Impuls, der die ganze Matrix verändert, insbesondere in deinem Engpass Hals. Ersetze Hartnäckigkeit und Starrköpfigkeit durch Gelassenheit und Geschmeidigkeit im Bindegewebe deines Halses und Kopfes, im ganzen Körper.

Körperflüssigkeiten – alles was fliesst, hat Kraft

Die Quantität und Qualität deiner Körperflüssigkeiten beeinflussen dein Wohlbefinden enorm. Trinkst du zu wenig oder das Falsche, so versetzt du deinen Körper in einen Rationierungszustand, den er nur beschränkt aushält. Wenn du deinen Körper fragen könntest, welche Flüssigkeit er braucht, so sagt er dir: »Trink täglich zwei bis drei Liter H_2O, also Hahnenwasser ohne Kohlensäure, am liebsten körperwarm.« Idealerweise bestehst du aus etwa achtzig Prozent Wasser. Halte immer Wasser bereit. Auf dem Arbeitspult, in der Hand- oder Aktentasche, im Rucksack. Trink das Wasser kontinuierlich und proaktiv. Nicht erst, wenn deine Kehle trocken ist.

Eigene Bilder, Merksprüche und Notizen

Eigene Bilder, Merksprüche und Notizen

Damit der Kopf nicht im Hals stecken bleibt

Dein Körper ist mehr als ein Stativ für deinen Kopf. Und dein Kopf ist mehr als eine Denk- und Steuerzentrale für deinen Körper. Ein gesunder Geist wohnt nun mal in einem gesunden Körper. Und ein gesunder Körper ist weitgehend einem gesunden Verstand zu verdanken, sowie den zahlreichen im Kopf beheimateten Sinnen. Es lohnt sich, diesen Abhängigkeiten nachzuspüren.

Der Kopf atmet

Die Atmung ist eine Grundbewegung; ohne sie ist keine andere Bewegung und kein Gedanke möglich. Ein Fünftel deines Sauerstoffbedarfs steht deinem Gehirn zu. Es mag erstaunen, aber dein Kopf atmet – wenn du es zulässt!

Lege eine Hand sanft auf die Schädelbasis oberhalb des Nackens, die andere auf deinen Scheitel. Versuch zu spüren, wie dein Gehirn beim Einatmen vom Zwerchfell und Tentorium (bindegewebige »Hängematte« fürs Gehirn) leicht fußwärts gesogen und beim Ausatmen in der Gehirnflüssigkeit gegen das Schädeldach geschwemmt wird. Stell dir vor, dass deine Schädelnähte zwischen den einzelnen Schädelknochen sich beim Atmen schließen und öffnen wie eine Blume. Die Atembewegungen des Kopfes sind bei einem schlafenden Kleinkind sehr schön sicht- und spürbar. Profitiere von diesem Vorbild.

Stimmige Stimme

Da Nase und Mund mit Augen-, Stirn- und Kieferhöhlen verbunden sind, sorgt jeder groß-zügige, stimmige Atemzug dafür, dass alles gut belüftet wird. Der Kopf bleibt wach und offen. Die Wahrnehmung deiner Kopfsinne (Augen, Ohren, Gleichgewicht, Nase, Mund), deine Ausstrahlung und deine Mimik sind spür- und sichtbar vitaler. Deine Stimme bekommt einen besseren Resonanzraum.

Laues Lüftchen in den Kopfhöhlen

Stell dir deinen Kopf innen und außen weich und lauwarm vor. Halte mit einem Finger sanft den rechten Nasenflügel zu. Atme nun kräftig durch das linke Nasenloch ein. Verschließ jetzt das linke Nasenloch und atme kräftig, aber langsam durch das rechte Nasenloch aus. Jetzt das ganze Spiel umgekehrt. Spürst du bei dieser Wechselatmung den Luftzug und den Luftdruck in den Kopfhöhlen klarer? Versuch diese Wechselatmung auch, um dich auf den nächsten Spaziergang in der Natur einzustimmen. Du kommst so weniger schnell außer Atem, bewegst dich geschmeidiger und riechst die Düfte intensiver.

Sinn-voller Kopf

Alle Sinnesorgane, mit welchen wir nicht nur unsere Umgebung, sondern auch uns selbst wahrnehmen sind im Kopf, nahe am Gehirn, vertreten. Wird ein Sinn beeinträchtigt, so sind die anderen mehr gefordert. Beispiel: Dämpfe dein Gehör vorsichtig mit Watte oder Ohrstöpsel. Balanciere jetzt auf einem Bein, oder »wage« eine Standwaage. Klappt das erstaunlich gut? Hat sich dein Gehör nach innen, in deinen Körper hineingerichtet? Sind jetzt die Gleichgewichtsorgane in deinen Ohren (Vestibulärapparat) besonders präsent? Gehe, immer noch mit gedämpften Ohren, herum. Spürst du so klarer, ob deine Schritte deinem Kopf Schläge versetzen oder ob du elastisch und geschmeidig gehst? Soeben hast du deinen nach innen gerichteten, kinästhetischen Sinn (Bewegungsrezeptoren, im ganzen Körper verteilt) stimuliert.

Schublade zu

Schieb deinen Kopf wenige Zentimeter nach vorne. Spürst du die zunehmende Spannung in deiner Nacken- und Rückenmuskulatur? Gleite nun mit deinem Kopf zurück, bis er sich möglichst axial über dem Rumpf, auf dem letzten Halswirbel, befindet. Spürst du, ob und wie deine Muskeln sich entspannen? Vermeide also jede »Schubladenhaltung« des Kopfes, beispielsweise vor dem Bildschirm, beim Autofahren oder beim Vortragen. Bewahre die nötige Distanz zum Gegenüber und lass dich nicht »hineinsaugen«. Behalte alle Tassen in deinem Schrank.

Einflussreicher Kiefer

Die Kiefermuskulatur ist deine stärkste Muskulatur. Wenn du dich hier verspannst, verspannt sich der ganze Körper. Schieb deinen Kopf und Kiefer wenige Zentimeter nach vorne und zur Seite. Beiß die Zähne zusammen und kneif die Augen zu. Spürst du die zunehmende Spannung im ganzen Körper? Balanciere nun deinen Kopf über dem Rumpf, auf dem letzten Halswirbel. Verlängere dein Hinterhaupt nach oben. Gähne ausgiebig, und lass anschließend deinen Kiefer gedehnt und entspannt nach unten zum Brustbein fallen. Spürst du, ob und wie deine Muskeln, dein Blick und die Stimme sich entspannen? Atmest du besser?

Achterbahn

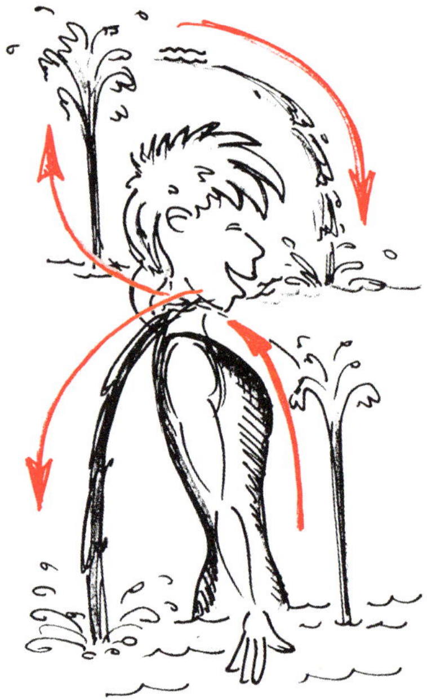

Für eine ökonomische Haltung hat es sich bewährt, sich einige wichtige, bildhafte Aktionslinien von Knochen zu Knochen zu denken. Wenn du dein Skelett wie folgt »organisierst«, schaffst du Freiraum für jegliche gut koordinierte Muskel- und Organaktivität: Denk dir einen Wasserfall die Wirbelsäule hinunter. Vorne der Wirbelsäule entlang stell dir einen erfrischenden Springbrunnen vor. Diese Springbrunnenkraft kannst du auch hinten den Schädel hinauflenken. Kämme mit den Fingern deinem Hinterkopf entlang hoch. Deine viel belasteten Halswirbel werden befreit und dein Kopf bekommt Auftrieb. Lass deine Stirn, deine Backenknochen und hauptsächlich deinen Kiefer locker in Richtung Brustbein fallen. Lass gedanklich warmes Wasser über den vorderen Teil deines Kopfes herunterfließen und versuche zu spüren, wie deine Schädel- und Gesichtsknochen sich entspannen. Verbinde gedanklich die genannten vier Aktionslinien zu einer endlos fließenden Achterschlaufe.

Schädelhöcker und andere Höcker

Wenn du stehst, befinden sich deine Fersen-»Höcker«, Sitzhöcker, Schulterblatt-»Höcker« und deine hinteren Schädelhöcker im Lot. Wenn du gehst, so gehen alle Höcker. Wenn du atmest, so atmen alle Höcker. Wenn du dich bewegst, so bewegen sich alle Höcker. Sei immer in allen Höckern gleichwertig präsent.

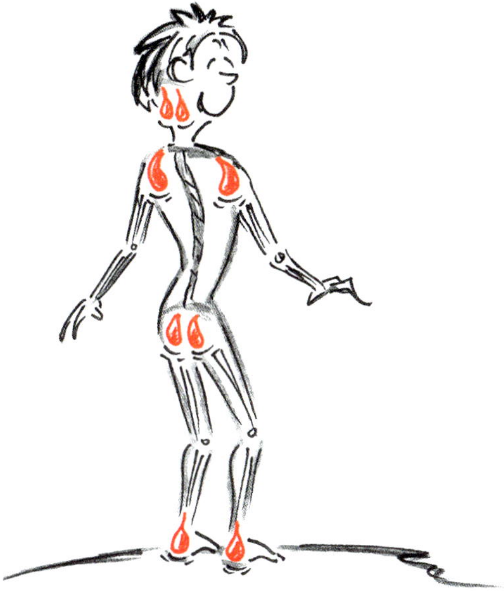

Gehirn über Herz über Blase

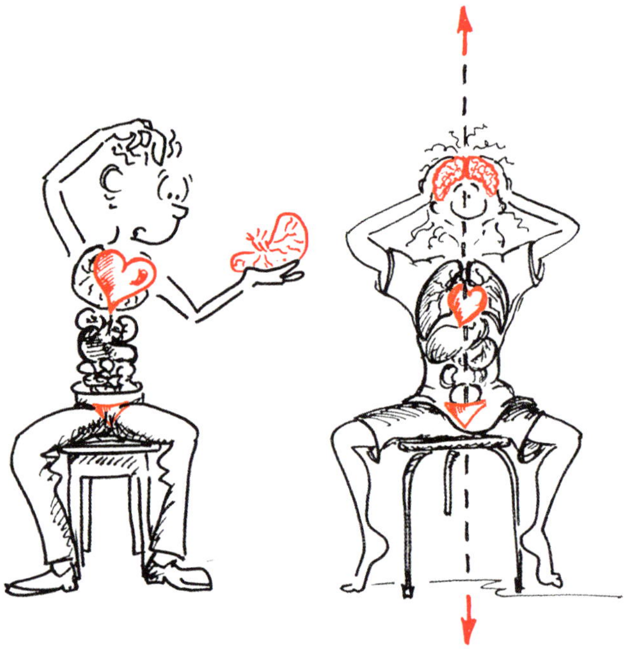

Möchtest du dich mühelos aufrichten? Platziere deine Organe hierarchisch übereinander:

- Erhebe dein Gehirn hoch über Herz und Lungen;
- Herz und Lungen setze über Leber, Magen, Milz und Nieren;
- Leber (rechts), Magen (links), Milz (links außen), Nieren (hinten) bilden eine Kuppel über den Därmen;
- die Därme »schwimmen« über der Blase (vorne), dem Rektum (hinten, ebenso groß und schwer wie die Blase!) und den Geschlechtsorganen;
- schmiege alle Organe an deine zentrale Körperachse an, um übermäßige einseitige Belastungen der Wirbelsäule zu vermeiden.
- Blase, Herz und Hirn zentrieren dich besonders gut. Stell dir diese drei Organe im Lot vor: Die Blase (Anker) erdet dich, das Hirn (Ballon) gibt dir Auftrieb, und das Herz mit den zugehörigen großen Blutgefäßen und der aufsitzenden Thymusdrüse tanzt zentriert zwischen diesen zwei Kräften.

Innenpolster für das Gehirn: Ventrikel

Gehirn und Rückenmark haben die Konsistenz von Pudding und sind etwa zwei Kilogramm schwer. Dieser Pudding liegt schwerelos im Liquor (Gehirn-Rückenmark-Flüssigkeit). Der Liquor wird in einem Höhlensystem (Ventrikel) des Gehirns produziert. Das Gehirn hat also einen flüssigen Kern! Er fließt in einen dreihäutigen Schlauch[1] und umspült hier Gehirn und Rückenmark. Der Liquor schützt vor Erschütterungen und Stößen, vor Viren und Eindringlingen, nährt und pflegt die Nerven. Diese Flüssigkeit kann ein Gefühl von Leichtigkeit, Strömen, Rhythmus und Schweben im Kopf und in der Wirbelsäule bewirken.

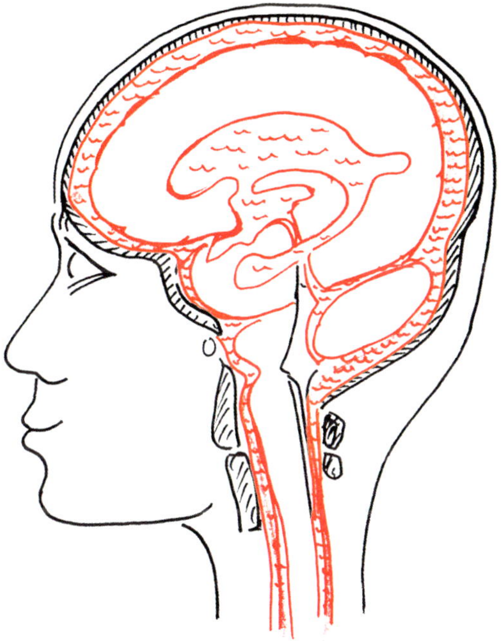

1 Genaugenommen besteht dieser Schlauch aus drei Häuten: Die Harte Hirn-Rückenmark-Haut bietet zuäußerst Schutz und Durchblutung. Die mittlere Spinnengewebshaut sorgt für Elastizität. Die Dünne Hirn-Rückenmark-Haut passt sich der komplexen Hirnoberfläche und dem Rückenmark an.

Gut geschmierte Schädelbasis

Die unteren Schädelhöcker gleiten dank der Gelenkflüssigkeit auf dem letzten Halswirbel, dem Atlas. Der »Gehirnpudding« schaukelt in der Gehirn-Rückenmark-Flüssigkeit. So wird das Gehirn genährt und geschützt. Deine Schädelbasis ist also von unten und von oben in Flüssigkeit getaucht. Die Bewegungen deiner Schädelbasis und deines Gehirns sind perfekt geschmiert! Nutze diese Bewegungsfreiheit, statt hier festzuhalten. Stell dir vor, dass dadurch auch deine Ideen und Gedanken mobilisiert, geschmiert und erfrischt werden.

Aktion im Auge, Reaktion im Steiß

Bei Bildschirmarbeit oder bei schlechter Beleuchtung sind die Augen einseitig fixiert, oft in einer falschen Haltung und meistens mit zu hohem Muskeltonus. Die Augenmuskulatur und damit auch die Lederhaut, in der sie verwurzelt ist, irritieren die Augäpfel und drücken auf die Sehnerven, die sie umhüllen. Da die Lederhaut mit der harten Gehirn-Rückenmark-Haut verbunden ist, verspannen sich bei einseitiger und zu lange dauernder Augenarbeit nicht nur die Augen, sondern auch die Augennerven, Gehirn und Rückenmark, das heißt, der Kern des Nervensystems. Genau genommen, findet das Sehen nicht im »Augenapparat«, sondern größtenteils im Gehirn statt. Oder anders ausgedrückt: Die Augen sind Ausstülpungen des Gehirns.

Kopf-, Nacken-, Rückenweh und Konzentrationsabfall können Signale von überforderten Augen sein. Es ist deshalb sinnvoll, so oft wie möglich ein »Mini-Augentraining« am Arbeitsplatz durchzuführen. Visualisiere die Gehirn-Rückenmark-Flüssigkeit, um Spannungen in Kopf, Augen, Gehirn, Nacken, Rücken zu lösen oder um deine strapazierten Nerven zu lockern. Verwandle Augen, Kopf und Wirbelsäule bildlich in einen mit Nektar gefüllten Schlauch. Schau umher und spüre, wie sich der ganze Schlauch bis zum Steiß dabei bewegt.

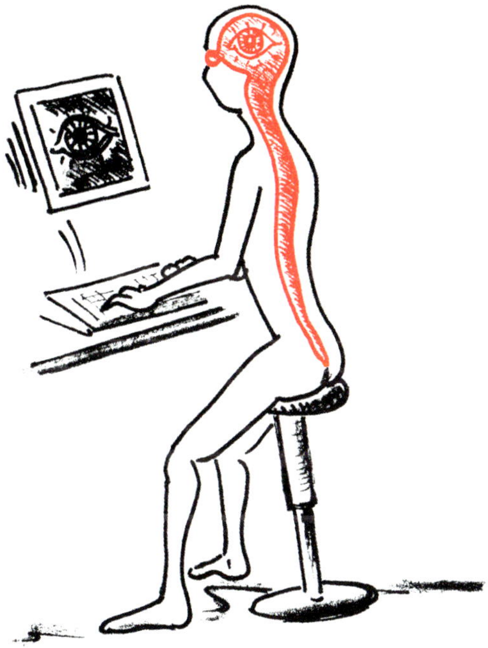

Koordination für alle Hirnareale

Dein Gehirn besteht aus komplex verschalteten Nervenzellen. Es ist das Zentrum des sensorischen Bewusstseins, der Bewegungskoordination, des logischen Denkens, des Verhaltens, der Planung, des Gedächtnisses und der Sprache. Die vielen Windungen und Einstülpungen vergrößern die Oberfläche und verbessern den Informationsaustausch. Obwohl gewisse Funktionen und Fähigkeiten deines Körpers bestimmte Areale besetzen und bestimmte Gehirnhälften bevorzugen (links logisch, rechts kreativ), sind sie miteinander vernetzt. Ist ein Areal beeinträchtigt, wird dessen Funktion teilweise von anderen übernommen. Für diese wichtige »Integration des Gehirns« sind Überkreuz- und Achterschlaufen-Bewegungen sehr wichtig. Dies ist zum Beispiel bei kontralateralem (gegengleichem) Gehen, Balancieren oder Jonglieren gewährleistet. Das Gehirn bleibt bis ins hohe Alter plastisch, das heißt, die Leitungen und wurzelartigen Fortsätze der Hirnzellen können sich immer wieder neu verbinden.

Durchdrehen erwünscht

Bring Bewegung und Variation in dein Sitzverhalten. Kreise, drehe und rolle immer wieder dezent auf deinem Hocker, auf einem Sitzball oder anderen dynamisch konstruierten Stühlen. Dreh dich mit deinem Bürodrehstuhl nach jedem geschriebenen Abschnitt schwungvoll rechts- und linksherum. Steh bei anspruchsvollen Gedankengängen auf und kreise mit deinem ganzen Körper. Um Dampf abzulassen, geh um deinen Arbeitstisch und im Raum mehrmals rechts- und linksherum, oder dreh ein paar luftige Runden ums Gebäude. Kreise, dreh und rolle ausgiebig bei jeder Gelegenheit – damit du dich rundum zufrieden fühlst! Sämtliche Organsysteme, besonders auch die Gleichgewichtsorgane in deinen Ohren, werden beim Drehen aktiviert. Die Zellen werden sozusagen zentrifugiert.

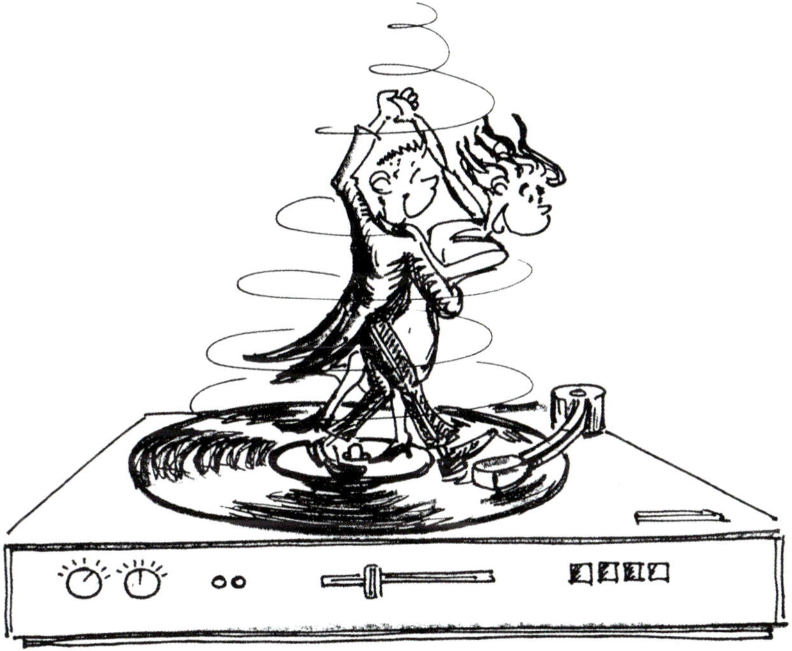

Den Kopf hängen lassen

Hängen verwandelt Druckkräfte in Zugkräfte. Bandscheiben füllen sich im Nu auf wie Schwämme. Ein Hängen mit dem Kopf nach unten durchblutet und durchflutet das Gehirn besonders gut. Innovative Lösungen ergeben sich oft gerade dann, wenn du den Kopf hängen lässt.

Hin-legen zum Über-legen

Manche Arbeitsabläufe können abwechselnd im Sitzen, Stehen, Gehen und Liegen erledigt werden. Überleg dir, welche Tätigkeiten du im Liegen erledigen kannst, da in dieser Haltung deine Kopf- und Halsmuskulatur sich entspannen kann: Telefonieren, Lesen, Zuhören, Brainstorming, etwas mental vorbereiten? Notiere deine »Liege-Jobs« und setz den ersten Punkt schon morgen um.

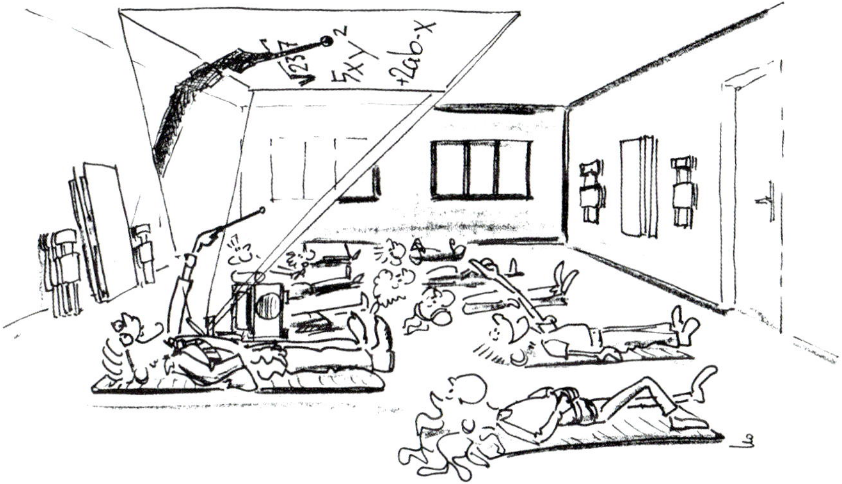

Work life balance

Der viel gepriesene Ausgleich zwischen Arbeiten und Leben, auch unter dem Begriff »work life balance« bekannt, hält deinen Kopf frisch, frei und aufrecht. Werde diesem Ausgleich gerecht – auf deine Art und Weise.

Eigene Bilder, Merksprüche und Notizen

Eigene Bilder, Merksprüche und Notizen

Anhang

Körperschema Organe

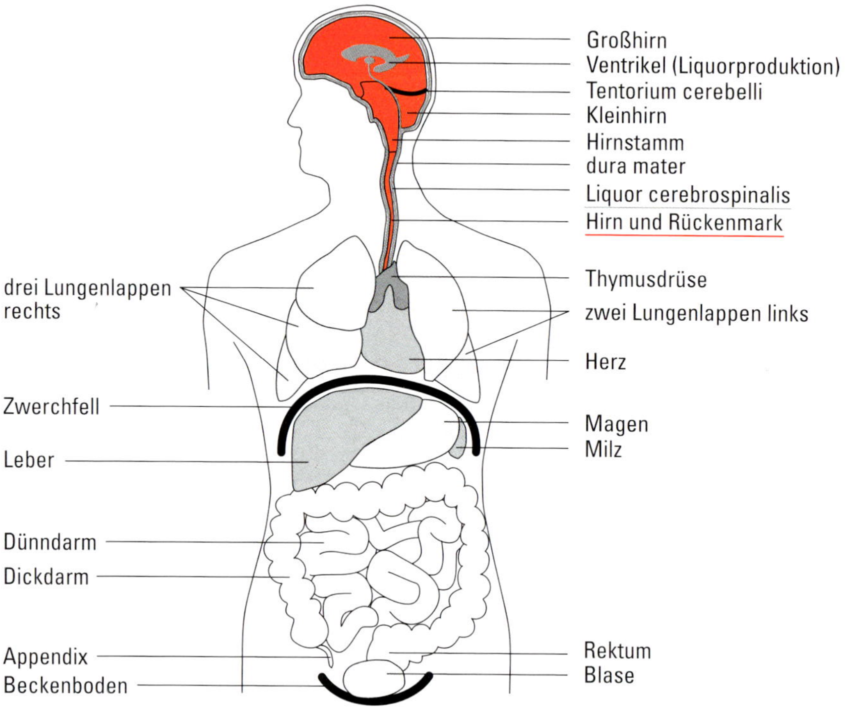

Körperschema Skelett

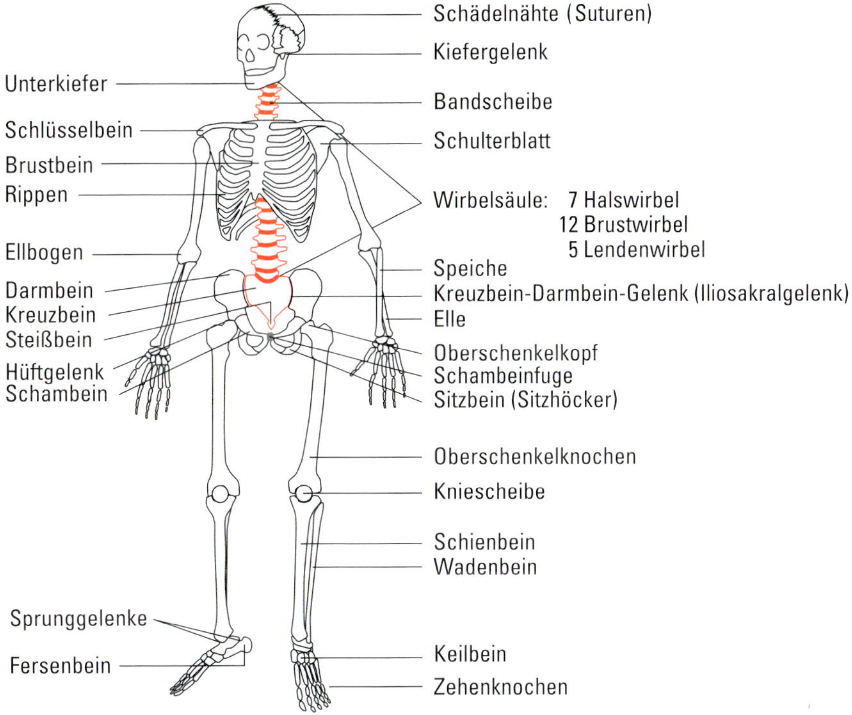

Ludmilla Weber

Ludmilla Weber wurde 1959 in der Tschechoslowakei geboren. Als Zehnjährige emigrierte sie mit ihren Eltern und ihrer Schwester in die Schweiz. Zwei Jahre später trat sie dem schweizerischen Juniorinnen-Nationalteam im Kunstturnen bei. Nach ihrem Sportstudium an der ETH Zürich war sie als Lehrerin für Turn- und Sportunterricht an öffentlichen Mittel- und Berufsschulen tätig. Sie erkannte bald, dass es jungen Menschen oft an einem grundlegenden, gesunden Körperbewusstsein mangelt. Sie engagierte sich für die Erarbeitung und Verbreitung des Modells »Bewegte Schule« in Deutschland, Österreich und der Schweiz. Diese Thematik unterrichtet sie heute noch unter anderem an der Pädagogischen Hochschule Zürich und für verschiedene Lehrerverbände.

Seit 1986 leitet sie ihre eigene Bewegungsschule »Unisono« in Winterthur. Ihr Angebot umfasst persönliches Coaching, Körpertrainings für Gruppen sowie Workshops und Seminare in Körperwahrnehmung für Laien und Bewegungsfachleute, so etwa beim Berufsverband für Gymnastik und Bewegung BGB, beim Schweizerischen Turnverband STV oder bei vitaswiss – ehemals Volksgesundheit Schweiz. Ihre eigene Methode ist inspiriert durch Franklin-Methode®, Spiraldynamik®, Alexander-Technik und Feldenkrais.

Seit 1995 berät Ludmilla Weber Einzelpersonen, kleinere Arbeitsteams, KMUs und große Unternehmen zu Themen wie körpergerechtes Verhalten am Arbeitsplatz, Gestaltung und Einrichtung von Arbeitsräumen, Prozessoptimierung oder Produktdesign. Sie erarbeitet umfassende Konzepte der Gesundheitsförderung. Nach Wunsch begleitet sie ihre Kunden – aus Banken, Versicherungen, Industrie, Dienstleistungsunternehmen und Institutionen – so lange, bis Gesundheit zum integralen Teil der Firmenkultur wird. Mit ihrer Einzelfirma »Time to move!« ist sie klein, schnell und flexibel, vernetzt sich aber sehr gerne mit anderen Fachleuten und Instituten.

Lieber Leo
Du scheinst meine Gedanken und somit meine inneren Bilder hundertprozentig lesen zu können. Es ist genial, wie du sie mit Liebe zum Detail und mit viel Humor für unser Bilderbuch aufs Papier gebracht hast. Ich danke dir für diese wunderbare Zusammenarbeit, aus meinem ganzen pulsierenden Herzen heraus.

Deine Ludmilla

Leo Kühne

Leo Kühne wurde 1957 in Glarus geboren. Seine Berufsausbildung zum Sport- und Englischlehrer erfolgte an den Hochschulen in Zürich. Er spezialisierte sich unter anderem im Schneesport, wo er Ausbildungen für verschiedene Institutionen mitgestaltet. Heute ist der Vater von zwei Kindern hauptberuflich an der Kantonsschule in Glarus tätig.

Das Zeichnen ist eine von vielen Freizeitbeschäftigungen. So sind bis heute verschiedene Fachpublikationen oder Lehrmittel mit seinen Illustrationen erschienen.

Liebe Ludmilla
wahre Entspannung im Alltag bedeutet, Deine sprühenden Ideen und fundierten Anleitungen in ein Bild umsetzen zu dürfen. Du hast mich auf eine faszinierende Reise durch den Körper geführt, und fast beiläufig sind die vorliegenden »Reiseskizzen« entstanden. Mögen sie auch andere zum Mitreisen animieren und zum selben Ziel bringen wie mich: Ich wurde mir meiner selbst bewusst, von Fuß bis Kopf.
Hab vielen Dank!

Dein Leo

Bibliografische Information Der Deutschen Bibliothek

Die Deutsche Bibliothek verzeichnet diese Publikation in der Deutschen Nationalbibliografie; detaillierte bibliografische Daten sind im Internet über http://dnb.ddb.de abrufbar.

Informationen über Bücher aus dem Versus Verlag unter www.versus.ch

Umschlagbild und Illustrationen: Leo Kühne · Glarus
Satz und Herstellung: Versus Verlag · Zürich
Druck: Karo-Druck · Eppan/Appiano
Printed in Italy

ISBN-13: 978-3-03909-060-0
ISBN-10: 3-03909-060-7

www.ludmillaweber.ch · info@ludmillaweber.ch

Bewegungshaus UNISONO

Ludmilla Weber leitet seit 1986 eine eigene Bewegungsschule in Winterthur mit folgendem Angebot:

- Kontinuierliche Gruppenkurse für rückengerechtes, von Qualitop geprüftes Ganzkörpertraining – Einstieg jederzeit möglich!
- Themenbezogene Workshops und Seminare – offen für alle!
- Privates Training – Termin nach Absprache
- Kurse, Schulungen, Referate für geschlossene Gruppen – Inhalt und Datum nach Wunsch

Antworttalon auf Rückseite

Seit 1986 bauen wir unsere Kurse mit Erfolg auf der Erkenntnis auf, dass langfristiges Wohlbefinden nur mit einem den ganzen Körper umfassenden Haltungs-, Bewegungs- und Entspannungstraining erreicht werden kann. In unserem Unterricht stehen das lockere Erlebnis und die Bewegungsvielfalt im Vordergrund. Nehmen Sie die Erfahrungen aus den Lektionen mit in den Alltag für ein besseres Wohlbefinden!

Unser qualifizierter Unterricht bildet die Basis. Die persönliche Kleingruppenatmosphäre ermöglicht kontrolliert ausgeführte Bewegungen, abgestimmt auf Ihre Voraussetzungen und Fähigkeiten. Die sehr gut ausgebildeten und erfahrenen Lehrerinnen können Sie gezielt unterstützen und fördern.

Bitte schicken Sie mir mehr Informationen zum Bewegungshaus UNISONO von Ludmilla Weber:

Name/Vorname . . . .

Firma . . . .

Strasse/Nr. . . . .

PLZ/Ort . . . .

Telefon Festnetz . . . .

Telefon mobil . . . .

Fax . . . .

E-Mail . . . .

Ludmilla Weber · Florenstraße 77 · CH-8405 Winterthur
Telefon +41 (0)52 233 55 18 · Fax +41 (0)52 233 55 78
www.ludmillaweber.ch · info@ludmillaweber.ch

Bitte frankieren

Ludmilla Weber
Florenstraße 77
CH-8405 Winterthur

Gesundheit am Arbeitsplatz: Time to move!

Analyse, Beratung, Umsetzung, Coaching – Ludmilla Weber spornt an und unterstützt Sie beim:

- Planen, Gestalten und Einrichten der Arbeitsräume
- Analysieren und Anpassen der Arbeitsplätze aus ergonomischer Sicht in allen Unternehmensbereichen
- Sensibilisieren der Mitarbeiter zur Körperwahrnehmung und zum Arbeitsverhalten
- Schulen interner Multiplikatoren für »Gesundheit im Betrieb«

Antworttalon auf Rückseite

Bitte schicken Sie mir mehr Informationen zu »Gesundheit am Arbeitsplatz – Time to move!« von Ludmilla Weber:

Name/Vorname . . . .

Firma . . . .

Strasse/Nr. . . . .

PLZ/Ort . . . .

Telefon Festnetz . . . .

Telefon mobil . . . .

Fax . . . .

E-Mail . . . .

Bitte frankieren

Ludmilla Weber
Florenstraße 77
CH-8405 Winterthur

Ludmilla Weber · Florenstraße 77 · CH-8405 Winterthur
Telefon +41 (0)52 233 55 18 · Fax +41 (0)52 233 55 78
www.ludmillaweber.ch · info@ludmillaweber.ch

Gesundheit in der Schule

Aus- und Weiterbildung für Lehrpersonen – Ludmilla Weber spornt an und unterstützt Sie beim:

- Planen, Gestalten und Einrichten der Schulräume
- Analysieren und Anpassen der Arbeitsplätze aus ergonomischer Sicht in allen Unterrichtsräumen
- Sensibilisieren der Schüler und Lehrer zur Körperwahrnehmung und zum Arbeitsverhalten
- Schulen von Multiplikatoren für »Gesundheit in der Schule«

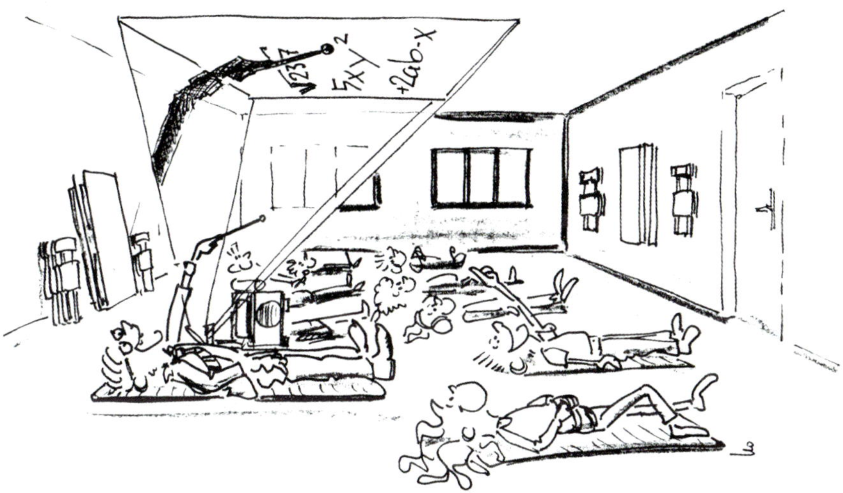

Antworttalon auf Rückseite

Bitte schicken Sie mir mehr Informationen zu »Gesundheit in der Schule« von Ludmilla Weber:

Name/Vorname ....

Firma ....

Strasse/Nr. ....

PLZ/Ort ....

Telefon Festnetz ....

Telefon mobil ....

Fax ....

E-Mail ....

Bitte frankieren

Ludmilla Weber
Florenstraße 77
CH-8405 Winterthur

Ludmilla Weber · Florenstraße 77 · CH-8405 Winterthur
Telefon +41 (0)52 233 55 18 · Fax +41 (0)52 233 55 78
www.ludmillaweber.ch · info@ludmillaweber.ch

Privates Training

Präventive und therapeutische Arbeit mit Einzelpersonen.

Der Körper ist Ihr wichtigstes Arbeitsinstrument. Er ist ein Wunderwerk der Natur – seine Virtuosität, Genialität und sinnvolle Belastbarkeit zu entdecken und optimal zu nutzen lohnt sich!

Ludmilla Weber analysiert Ihre Haltung, Bewegung und Entspannungsfähigkeit.

Sie erstellt mit Ihnen ein persönliches Training, welches auf Ihre Voraussetzungen und Bedürfnisse zugeschnitten ist. Mit Anleiten, Berühren und Visualisieren intensiviert sie Ihren Trainingseffekt.

Sie lernen, sich zunächst bewusst, später weitgehend automatisch körpergerecht zu verhalten – für mehr Spass, Lust und Erfolg bei der Arbeit, bei Ihren Freizeitaktivitäten, im Leben!

Antworttalon auf Rückseite

Bitte schicken Sie mir mehr Informationen zum privaten Training von Ludmilla Weber:

Name/Vorname ....

Firma ....

Strasse/Nr. ....

PLZ/Ort ....

Telefon Festnetz ....

Telefon mobil ....

Fax ....

E-Mail ....

Bitte frankieren

Ludmilla Weber
Florenstraße 77
CH-8405 Winterthur

Ludmilla Weber · Florenstraße 77 · CH-8405 Winterthur
Telefon +41 (0)52 233 55 18 · Fax +41 (0)52 233 55 78
www.ludmillaweber.ch · info@ludmillaweber.ch

Ich bestelle:

___ Ex. Ludmilla Weber: Bewegte Arbeit – Time to move!
Fr. 35.–/Euro 22.– (zuzüglich Versandkosten)

___ Ex. Ludmilla Weber und Leo Kühne: Bewegt, entspannt, selbstbewusst – von Fuß bis Kopf
Fr. 25.–/Euro 17.– (zuzüglich Versandkosten)

Name/Vorname ....

Firma ....

Strasse/Nr. ....

PLZ/Ort ....

Datum ....

Unterschrift ....

Mengenrabatt: ab 10 Ex. 5%, ab 20 Ex. 10%,
ab 50 Ex. 12,5%, ab 100 Ex. 15%.

Versus Verlag · Merkurstraße 45 · CH-8032 Zürich
Telefon +41 (0)44 251 08 92 · Fax +41 (0)44 262 67 38
www.versus.ch · info@versus.ch

Bitte frankieren

Versus Verlag
Merkurstraße 45
CH-8032 Zürich